Jeff Lucas

Hupe, wenn du Christ bist

und andere inspirierende Geschichten zum Auftanken

Jeff Lucas

Hupe, wenn du Christ bist

und andere inspirierende Geschichten zum Auftanken

Schulte & Gerth

Die englische Originalausgabe erschien
im Verlag Authentic Lifestyle, a division of
Authentic Media, 9 Holdom Avenue, Bletchley,
Milton Keynes, Bucks, MK1 1QR, UK,
unter dem Titel „Lucas on Life".

Aus dem Englischen übersetzt von Roland Renz.

Best.-Nr. 815 910
ISBN 3-89437-910-3
2. Auflage 2005
Umschlaggestaltung: Hanni Plato
Umschlagfoto: Getty Images
Satz: Die Feder GmbH, Wetzlar
Druck und Verarbeitung: Ebner & Spiegel, Ulm
Printed in Germany

Inhalt

Dank 7
Einleitung 9

Evangelisation

Der Mann im Zug 13
Plakate und Gummiprediger 17
Wer hat das Licht ausgemacht? 21
Nie mehr Feindflug 24
Das erste Mal 27

Wachstum

Potenzial 31
Zuhören 34
Achtung, Bauarbeiten! 36
Der schmale Pfad 38
Wähl mich, bitte! 41
Gott ist unterwegs 44
Hupe, wenn du Christ bist 47
Wie man Zynismus überlebt 50
Denkzettel aus der Autowaschanlage 56
„Entschuldigung, dein Hintern brennt“ 58
Die einstudierte Rolle 60

Die Realität

Glücklichsein ist Pflicht 67
Ruhm 69
Ärger aus Chichester 74

Tradition

Sandwichbelag 79
Möbelrücken 83
Traditionsbewusstsein 88
Kana 91

Sex

Einmal Mr. Bean sein 95
Bitte keinen Sex, wir sind Christen! 98

Beziehungen

Ein Hoch auf Sue! 103
Tut mir Leid! 105
Genug der Worte 108
Der anonyme Brief 110
Ein Freund in Not 113

Der Tod

Von jetzt an bis in Ewigkeit 117
Das riesengroße Haus 120
Meine allererste Beerdigung 124

Gebet und Prophetie

Lasset uns beten (?) 129
Engel per Anhalter und Fred Feuersteins Gaben 135
Das Gehirn bleibt ausgeschaltet 138
Ein Hofnarr 141

Entscheidungen

Entscheidungen, Entscheidungen 149
Der Bungeespringer 152
Ein Job in Italien 156

Glaube

Weiterschalten 161
Turbovögel 166
Der Schlüsselanhänger 174

Verfügbarkeit

Vortreten zum Abschlag 181
Ausreden 185

Einfluss

Eine 1plus für Einfluss 189
Tage in Rot 193

Dank

Leben hat etwas mit Freundschaft zu tun – Freundschaft mit Gott, mit seinem Volk und mit denen, die noch nicht dazu gestoßen sind. Dankbar bin ich meinen Freunden, mit denen ich ein Glas auf das Leben leeren kann. Chris und Jeanne, Ishmael und Irene, Dary und Bonnie, Ken und Debbie, Lindsay, Dinah und Stuart, Ben, Paul und Priscilla, Malc und Kathy, Ian und Andie, Dave und Pat, Adrian und Pauline, Dave und Sandra und Stuart und Irene sind nur ein paar von denen, die meine Lebensreise bis jetzt so bereichert haben ...

Meine Kollegen im Leitungsteam von Spring Harvest sind mir auch zu vertrauten Freunden geworden: Rachael, Ian, Gerard, Alan und der hoch geschätzte Pete, genannt „Euer Bischofswürden".

Mein Dank gilt den beiden Kirchen, zu denen ich inzwischen gehöre: der *Revelation Church* in Chichester und der *Timberline Church* in Fort Collins, Colorado.

Ich bin den Verlegern der Zeitschriften *Compass* und *Christianity & Renewal* dankbar.

An meine engsten Gefährten auf der Lebensreise, Kay, Kelly und Richard: Ich liebe euch.

Einleitung

Liebe Leser,

es ist beileibe nicht so, dass ich mich mit diesem Buch als eine Art Born der Weisheit oder als selbst ernannten Experten darstellen wollte. Nichts könnte weiter von der Wahrheit entfernt sein. Ich bin zur Zeit 44 Jahre alt (älter aussehend, habe einiges durchgemacht), und Sie brauchen nicht viele Kapitel im Buch zu lesen, um zu merken, dass ich im Hinblick auf die Kunst des Lebens noch in den Kinderschuhen stecke. Deswegen ist dieses Buch kein „7-Schritte-Ratgeber zum sicheren Erfolg" mit einem Bild der gelassen-glücklichen Familie Lucas, die hinten auf dem Einband fröhlich vor sich hin grinst.

Eigentlich bin ich eine Art begabter Knallkopf. Mein Bekenntnis zur Dummheit ist keine Pseudo-Demut, sondern entspricht den Tatsachen. Schöpfen Sie daraus Hoffnung – Gott hat auch für Knallköpfe Verwendung. Er hat ja auch sonst keine Wahl.

Das macht Mut, oder?

Manchmal glaube ich, dass ich nur existiere, um meine Freunde zu unterhalten. Wer sich in meine Gesellschaft begibt, wird Zeuge eines scheinbar nie endenden Stroms seltsamer und lächerlicher Begebenheiten, die überall da passieren, wohin ich komme. Traurig daran ist (für mich – meine Freunde haben ihren Spaß), dass die meisten Merkwürdigkeiten mir nur zustoßen, weil ich zu albern oder geistig nicht voll da bin ...

So wie heute: In letzter Zeit verspürte ich das starke Bedürfnis, im Trend zu sein. Deshalb schleppte ich meinen alternden Körper zum Teenie-Trendausstatter „Quiksilver" und kaufte eine hübsche blaue Jacke. Am Vormittag wollte ich mit meiner Frau Kay und ein paar Freunden spazieren gehen, die ideale Gelegenheit, eben erwähnte Jacke vorzuführen. Das tat ich und erwartete von meinen weniger modebewussten Freunden etwas Bestätigung und Bewunderung: „Wie findet ihr sie? Sieht gut aus, was?“

Sie bogen sich vor Lachen.

Ich war durch die Gegend gelaufen, nicht ahnend, dass hinten am Kragen ein großes Etikett hing: „Sonderangebot – nur noch kurze Zeit!“ Der Preis war mit einem Filzschreiber in großen Buchstaben hingekritzelt.

Deshalb ist dieses Buch keine Sammlung von tiefsinnigen Weisheiten oder philosophischen Gedanken. Stattdessen habe ich Geschichten und Episoden zusammengestellt, die hoffentlich zum Lachen anregen, manchmal auch zum Weinen und hin und wieder zum Nachdenken.

Ich bin Christ, gebe dabei aber kein tolles Bild ab. Ich liebe Gott sehr, aber praktisch bringe ich da einiges durcheinander. Beim Beten schlafe ich ein und frage mich manchmal morgens beim Aufwachen, in welcher Welt ich gelandet bin. Man sagt mir nach, dass ich meine Kinder schon mal anschreie und unfreundlich zu meiner Frau bin.

Ich gebe offen zu, dass ich mit Scheuklappen durchs Leben gehe. Ich war in den letzten 20 Jahren im christlichen „Vollzeitdienst“ und weiß deshalb wenig von den alltäglichen Unannehmlichkeiten in der vollgestopften U-Bahn, vom Druck kurzfristiger Deadlines, von Arbeitslosigkeit und all den anderen täglichen Stresssituationen, die typisch sind für das Leben im 3. Jahrtausend. Aber ich habe erfahren, was es bedeutet, Schritte im Glauben zu tun und Gott vertrauen zu müssen, dass er mich mit dem nächsten Notwendigen versorgt, und ich habe mehr an göttlichen Eingriffen erlebt, als ich es verdiene.

In einem sehr konservativen evangelikalen Blatt wurde eins meiner ersten Bücher rezensiert und ich als „liberaler Arminianist mit mystischen Tendenzen“ gebrandmarkt. Der Verlag schickte mir eilends ein Belegexemplar mit der Rezension. Anscheinend war man etwas nervös wegen der ziemlich bissigen Bemerkungen. Bei sorgfältiger Analyse der Rezension (weil konstruktive Kritik die einzige Chance für Entwicklung bietet) stellte ich fest, dass die Einschätzung als „Arminianist“ mit meiner Überzeugung zu tun hat, dass Gott seinem Volk gegenüber offen eingestellt ist, dass nicht alles auf ewig schon in Stein gemeißelt und von Anfang an fixiert ist. Wenn das so wäre, was hätte es dann für einen Sinn zu beten? Wenn der Ablauf der Geschichte vor Beginn der Zeit feststünde, Gott uns aber den Eindruck gäbe, es sei nicht so, um uns zum Beten aufzufordern, dann wäre das nichts anderes als Betrug. Ich glaube, dass durch Gebet – und deshalb auch durch uns – Veränderungen bewirkt werden können. Das ist eine spannende Sache und macht mir Lust, gleich jetzt hinter dem Fahrradschuppen niederzuknien und ein Gebet zu sprechen …

Dann habe ich herausgefunden, dass man mir „mystische Tendenzen“ unterstellt, weil ich glaube, dass Gott auch heute durch prophetische Worte redet und die Gaben des Geistes nicht nur zeitweilig verliehen worden sind. Die Seiten des vorliegenden Buches sind gespickt mit Berichten von Prophetien und Heilungen. Zudem hört man mich, auch wenn diese Aussage schon sehr strapaziert und missbraucht wurde, immer mal wieder sagen: „Gott hat zu mir gesprochen“. Natürlich halte ich mich dabei an den Anker der Heiligen Schrift, die für mich Gottes verbindliche Autorität darstellt. Doch meine Verpflichtung gegenüber der Bibel erlaubt mir nicht, eine Realität auszublenden, die überdies in ihren Seiten deutlich hervorspringt: die Realität des übernatürlichen Gottes und seiner übernatürlichen Gemeinde. Wenn man mir dafür das Etikett „mystisch“ anhängt, dann stelle ich mich freudig an die Seite einer wachsenden Schar von Christen weltweit, die durch das Wirken des Heiligen Geistes, eine seiner Gaben oder Manifestationen berührt und verändert wurden. Sie sollten unbedingt bedenken, dass die

Episoden, von denen Sie lesen werden, sich im Laufe von 25 Jahren ereignet haben, damit Sie nicht denken, meine Familie und ich seien der Sucht verfallen, ständig entrückt zu grinsen und überirdische Segnungen zu empfangen. Aber was Sie lesen, ist passiert und passiert immer noch.

Was hat es mit der „liberalen“ Schublade auf sich? Ich bin mir da nicht ganz sicher, aber ich habe mich gefragt, ob es damit zusammenhängt, dass ich nicht nur an ein Leben vor dem Tod glaube, sondern auch Spaß daran habe. Ich lache gern und glaube nicht, dass Freude nur das unterirdische Aufflackern eines für den Himmel reservierten Gefühls ist.

Mich macht die intensive Ernsthaftigkeit nervös, die im Gewand der Nüchternheit daherkommt. Ich kann nicht viel mit Predigten anfangen, die so „tief“ sind, dass keiner die leiseste Ahnung hat, worum es dem Prediger eigentlich geht. Kurz gesagt, ich habe kein Interesse daran, zur Heiligenstatue zu gefrieren. Ich möchte offen – und hoffentlich nicht anstößig – über Themen wie Sex, den Tod und manches andere reden, das wir gern auf Zehenspitzen umgehen, weil es nicht „schicklich“ ist. Vielleicht sind Sie nicht immer meiner Meinung, aber ich hoffe, dass Sie die Stimme meines Herzens hören und im Zweifel den Angeklagten freisprechen.

Danke, dass Sie dieses Buch gekauft haben. Und wenn Sie es noch nicht gekauft haben sollten und dabei sind, es im christlichen Buchladen zu begutachten, dann kaufen Sie es jetzt. Bitte, bitte ...

Vielen Dank

Jeff Lucas
Chichester 2001

Evangelisation

Der Mann im Zug

Er hat keinen Namen, dieser Mann. Ich habe ihn in meiner geistigen Schublade unter „Z“ wie „Zug“ abgelegt. Wir sind uns nur zweimal begegnet.

Meine Kenntnisse über den *Homo sapiens eisenbahniensis* sind spärlich. Von seinem allgemeinen Erscheinungsbild her muss er irgendwas zwischen 30 und 50 sein und irgendwo in der Gegend von Chichester wohnen. Seine Gesichtshaut ist rötlich, er wirkt übergewichtig, ist nicht gerade ein begnadeter Rasierkünstler und steht mit Seife wohl absolut auf dem Kriegsfuß. Sein Gürtel hängt schief, und seine sämtlichen Sachen sind sogar an frostigen Wintertagen nur ansatzweise zugeknöpft. Außerdem ist er, bei einer leichten Schwäche für alles, was nach „New Age“ klingt, besonders ausgeprägter Anhänger der Transzendentalen Meditation.

Das erste Mal trafen wir uns vor einem Jahr. Ich hatte meine Bahnreise mit fast militärischer Genauigkeit geplant. In meiner Tasche steckten sämtliche Papiere, mein Notebook, das Handy und andere Wichtigkeiten in drangvoller Enge. Fest entschlossen, meine Zeit so gut wie möglich zu nutzen, hatte ich sogar vor Besteigen des Zuges die Toilette aufgesucht, wodurch ich nicht nur Zeit sparte, sondern auch dem Pesthauch der Giftzone entging, die ansonsten als Reisezug-WC bekannt ist.

Ich fühlte mich lebendig, effektiv und, ehrlich gesagt, in geistlicher Hinsicht ziemlich auf der Höhe. Erst am Abend zuvor hatte ich eine tiefe und so richtig echte Begegnung mit Gott erlebt, bei der ich mein Versprechen erneuert hatte – ich rede hier von einer tiefen, tiefen Sehnsucht –, in meinem Alltag klarer evangelistisch zu wirken.

Ich klappte das Notebook auf und schaltete es ein. Und plötzlich stieg der „Mann im Zug" in mein Abteil, zog umständlich die Tür hinter sich zu und setzte sich mir gegenüber, obwohl es viele freie Plätze gab. Ich starrte intensiv auf den Bildschirm, der noch leer war. Der Computer fuhr immer noch hoch – der Mann aber fing sofort an zu reden.

Er gehörte zu den Menschen, die man (politisch unkorrekt) als „einfach" bezeichnen würde. Anscheinend verwickelte er jeden, der ihm begegnete, in ein intensives Gespräch, als ob er ein alter Freund wäre. Wie komisch, dass in unserer technisierten Einsamkeit die Bereitschaft zur Geselligkeit als Zeichen geistiger Zurückgebliebenheit gedeutet wird.

Er fing also an und ließ sich von meiner angeblichen Konzentration auf den immer noch elendig schwarzen Bildschirm nicht beeindrucken. Kein Vorgeplänkel im Stil „Schönes Wetter heute/Was ein bisschen Sonne schon ausmacht/Ist das der Zug zur Victoria Station?" Er sprang unbeholfen mit beiden Beinen mitten in mein Leben.

„Was machen Sie da?", fragte er, wobei ein Lächeln erschreckend ruinöse, gelbe Zähne aufblitzen ließ.

„Ich schreibe einen Artikel über das Christentum", erwiderte ich und merkte selbst, wie selbstgefällig ich mich anhörte. Hatte ich mich doch durch dies mutige Bekenntnis in eine Reihe mit sämtlichen Märtyrern des Glaubens gestellt ...

„Sie glauben doch nicht etwa an den ganzen Kram, oder?", schoss er zurück. Kein nervöses Zittern in seiner

Stimme. Das Notebook zeigte gerade, dass Windows 95 nunmehr bereit sei. Mit einem Auge auf dem Bildschirm und dem andern auf dem „Mann im Zug" bestätigte ich, dass ich tatsächlich an die Sache mit Jesus glaube, holte tief Luft und fragte, wie er das denn sehe. Eigentlich wollte ich das ja gar nicht wissen. Ich wollte arbeiten.

In den nächsten 20 Minuten erklärte er mir seinen geistlichen Standpunkt, vor allem, warum er das Gefühl hatte, dass die Christen nicht im Recht wären, wenn sie Gott exklusiv für sich beanspruchten. Das Notebook piepte und mein Handy klingelte zweimal, er aber ließ sich kaum Zeit zum Luftholen.

Wir liefen in Worthing ein, und er ging. Doch als er die Tür hinter sich zugeschlagen hatte, kam er außen um den Zug herum und rief mir noch ein paar Gedankenfetzen durch das offene Fenster zu, laut, aber freundlich. Als der Zug dann weiter ratterte, winkte er mir zum Abschied nach wie einem alten Freund.

Dann vergaß ich ihn, den „Mann im Zug". Bis gestern.

Ich hatte am Sonntag über das Evangelisieren gesprochen. „Ich schäme mich nicht des Evangeliums" war der Text aus dem ersten Kapitel des Römerbriefs gewesen. Nach der Predigt zerschmetterten wir Tontöpfe als Demonstration unserer Entschlossenheit, „unser Licht leuchten zu lassen". Symbolische Handlungen sind so wundervoll – und einfach.

Am Montagmorgen saß ich wieder im Zug nach London und vertiefte mich ins lebhafte Gespräch mit einer sehr kompetent wirkenden Dame – „Eigentlich bin ich Verlegerin" –, die zu einem geschäftlichen Treffen unterwegs war. Wir unterhielten uns über dieses und jenes, über das Restaurieren von Häusern, Handwerker, das Leben in Chichester und so weiter. Da ging die Tür zum Abteil auf, und der „Mann im Zug" trat ein. Sein Gürtel war direkt unter der Brust verzurrt, sein weit offener Hosenschlitz wirkte unwahrscheinlich riesig. Er erkannte mich nicht, wahrscheinlich hatte er seit unserer Begegnung Tausende von Gesprächen geführt, aber er begrüßte mich und die Dame wie alte Freunde. Nach einem verstohlenen, blitzschnellen Blick auf das schwarze Loch in seiner Hose wandte die Dame sich diskret ab. Ich sagte „Hallo“ und starrte in banger Erwartung auf meine Schuhe.

In den nächsten 20 Minuten informierte er mich umfassend über seine Gallensteine und die Medikamente, die sein Arzt ihm verschrieben hatte. Ob ich wohl Methadon nehmen würde? Er zeigte mir seinen brandneuen Yin-Yang-Ring aus Elfenbein, sicher eine Menge wert, aber gerade mal für fünf Pfund von einem Kumpel erstanden, was als unglaublich betrachtet werden müsse, denn Elfenbein sei ja ein Edelmetall, nicht wahr?

„Es sind Elefantenstoßzähne“, sagte ich leise und dachte daran, den offenen Hosenschlitz zur Sprache zu bringen.

Das Abteil füllte sich mit dem muffig-sauren Geruch eines ungewaschenen Körpers. Die Dame verzog die Nase und missbilligte das Ganze mit finsterem Blick; der Mann redete weiter; ich trieb den Zug mental mit einem anpeitschenden Gebet vorwärts. Der „Mann im Zug“ schaute mir in die Augen, und sein fragender Blick schien mir geradewegs in die Seele zu dringen, als wüsste er, dass er eine Zumutung war, ein Querschläger; als wüsste er, dass ich ihn ganz gern losgeworden wäre.

Er konnte doch wohl kein Engel sein, oder? Einer, der jedes Mal auftaucht, wenn ich Süßholz rasple oder ernste Gebete zum Thema Evangelisation spreche? Ein schlampiger, ungewaschener Engel mit Gallenblasenproblemen und einer kleinen Methadonabhängigkeit? Ein Seraphim mit Yin-Yang-Ring und einer himmlischen Gleichgültigkeit gegen offene Hosenschlitze und Zahnbürsten? Nein, ein Engel ist er wahrscheinlich nicht.

Aber er ist Jesus, wenn man Jesus Glauben schenkt. Ihm einen Becher kühles Wasser zu reichen oder die Uhrzeit zu sagen ist so, als würde man es für Jesus tun. So steht es in der Bibel. Natürlich ist in diesem Sinne die Dame mit ihrer gewählten Aussprache auch Jesus. Unsere Einstellung zu den Armen erlaubt uns keine Vorurteile gegen die Reichen: Alle haben das Evangelium nötig.

Tontöpfe zerschmettern und gute Absichten formulieren ist einfacher - aber wir, der „Mann im Zug“ und ich, setzten die Unterhaltung fort, bis wir nach Worthing kamen. Und als der Zug nach London weiter ratterte, fragte ich mich, wie es wohl in der Welt aussähe, wenn jeder Christ auf Erden alle anderen Menschen so behandelte, als seien sie Jesus selbst.

Wäre das Erweckung?

Plakate und Gummiprediger

Immer wieder begegnen mir diese aggressiven Evangelisten. Vor kurzem fuhr ich mit der U-Bahn. Dabei stolperte mir zufällig ein zahnloser Botschafter des Evangeliums über den Weg. Als ich mich am Fahrkartenschalter anstellte, kam dieser Bruder mit seinen schweren Anfechtungen im Kaubereich die Schlange entlang.

„Wer von euch ist gläubig?“, zischelte er und fügte schnell hinzu: „Es gibt einen Himmel und eine Hölle. Entscheidet euch für Jesus!“

Er griff nach einem Faltblatt, dessen Inhalt aus bunten, mittelalterlich anmutenden Darstellungen beider Lebensziele bestand. Er öffnete es und blätterte hastig durch Momentaufnahmen von Sündern, die auf dem ewigen Höllengrill rösteten, wobei sie zu allem Überfluss noch mit Forken gepiekt wurden.

„Wohin soll es also gehen, in den Himmel oder in die Hölle?“, drängte er.

Eine nervöse Dame sagte, sie wolle eigentlich nur nach Upminster. Ich machte mich aus dem Staub.

Das nächste Mal passierte es in einem Einkaufszentrum. Ein kleiner, grauhaariger Mann stand steif wie ein Ladestock da, den rechten Arm erhoben. Trotzig hielt er ein Plakat in Übergröße hoch. Ich schaute verstohlen auf das Poster. „Tut Buße!“, dröhnte der Text in fett gedruckten Gothic-Lettern. „Das Ende ist nah!“ Ich schlug die Augen nieder und hoffte, schnell vorbeizukommen, aber es sollte nicht sein. Er bot eine Multi-Media-Präsentation auf: Plakat *und* Stimme. Für so eine schmächtige Person war das Organ erschreckend laut und dröhnend.

„Der Herr lässt sich nicht spotten!“, donnerte er. „Die Hölle ist eine Realität! Lass heute noch ab von der Sünde!“

Meine Strategie, mit hängendem Kopf und eilenden Schrittes vorbeizupreschen, versagte jämmerlich. Er nahm Blickkontakt mit mir auf, und einem Laserstrahl gleich drang mir das Verhör in die Seele. „*Sie* da ... wo werden *Sie* die Ewigkeit verbringen?“

Ich war nicht in der Stimmung für ein brüderliches Gespräch von 300 Dezibel und hatte auch kein Poster, also murmelte ich: „Im Himmel, vielen Dank“, und floh in den Schutz eines Ladens.

In der Helligkeit und Wärme fühlte ich mich wieder sicher, aber irgendwie verfolgt, allerdings nicht von der Frage nach der Ewigkeit. Beim Blick aus dem Fenster auf den grauen Mann, der gerade ein neues Opfer anfiel, überkam mich das Unwohlsein wie ein Leichentuch. Seine Tapferkeit war unbestritten, wie er da mit seinem angeknickten Poster stand, aber war das auch klug? Konnte er mit diesem Holzhammer-Stil irgendeine *gute* Nachricht bringen, oder schreckte er die Passanten mit seinem apokalyptischen Kinnhaken nicht einfach nur ab? Hätte Jesus seine Botschaft etwa so verkündet, oder hielt es der Mann eher wie einer der zornigen alttestamentlichen Propheten? Ich glaube schon, dass es eine Hölle gibt, mit der ich nichts zu tun haben will. Man könnte also argumentieren, dass die Botschaft des kleinen grauen Mannes angemessen war – aber ist denn die Hölle der Eckpfeiler unserer Botschaft? Ist das nicht eher Jesus?

Wie ich da also geistesabwesend und ziellos durch den Laden schlenderte, forschte ich nach meinen eigenen Anliegen beim Thema Evangelisation. Alle unsere Methoden „freundschaftlich/gesellschaftlich relevanter Angebote für Suchende in Form guter, also nicht schlechter Nachrichten" können uns nicht vergessen lassen, dass wir Christen meist verunsichert sind und uns einfach nicht wohl in unserer Haut fühlen, wenn es heißt, anderen unseren Glauben zu vermitteln.

Ich habe Erfahrungen mit fast allen evangelistischen „Methoden" gesammelt, die es gibt. Ich habe eine Phase hinter mir, wo ich wirklich den Eindruck hatte, Gott und seinem Reich einen total guten Dienst zu erweisen, indem ich so viele Menschen wie möglich mit meiner Botschaft belästigte und als „Evangelisationsopfer" betrachtete. Ich probierte diese Holzhammermethode auch an meinem Vater aus, der damals noch kein Christ war. Meine „warmherzigen" Versuche, ihm von der Liebe Gottes zu erzählen, liefen ungefähr so ab:

Papa liest ruhig die Zeitung, sagt nichts. Ich betrete das Zimmer.

Jeff: „Hallo, Papa. Wie du dem Inhalt meines täglichen evangelistischen Vortrags entnehmen kannst, bin ich Christ. Außerdem weißt du es durch das Exemplar von *Journey into Life*, das ich dir unter das Kissen gelegt habe, nur für den Fall, dass du in nächtlicher Stunde deine Meinung ändern solltest. Du gehörst zur Zeit *leider* noch nicht zu den Auserwählten. Daher wirst du für lange Zeit im feurigen Pfuhl schwimmen müssen. Einen schönen Tag noch."

Papa liest still seine Zeitung weiter. Ich verlasse das Zimmer.

Dann aber kann das Pendel weit ins andere Extrem ausschlagen. Unser Leben richtet sich an der Guten Nachricht aus, wir sind der Meinung, „Salz und Licht“ zu sein, sagen bei alledem tatsächlich aber kein einziges Wort von Jesus. Wir gratulieren uns zum „Evangelisationsstil ohne Verstellung“ und meinen, durch unser Leben Zeugnis genug zu sein. Es heißt doch auch, dass man sein Christsein nur im Notfall mit Worten predigen soll, nicht wahr? Jeder Außenstehende hält uns für nett, sogar ziemlich cool, lernt aber leider so nie den Jesus kennen, der für uns alle gestorben ist. Wir lassen uns darauf ein, „Gutmenschen“ zu werden, aber ohne Begründung oder Erklärung für unsere Nettigkeit.

Mein Regal ist voller Bücher über „die“ richtige Evangelisationsmethode. Ich weiß aber ganz genau, dass ich nicht zur Zielgruppe irgendwelcher Menschen gehören wollte, wenn ich kein Christ wäre. Ich hätte keine Lust, Empfänger von Monologen sein zu müssen, bei denen mir kaum die Chance zu einer Antwort gewährt wird. Ich hätte keine Lust, mir sagen zu lassen, dass meine Ansichten falsch oder dumm sind. Ich hätte keine Lust, gönnerhaft oder erpresserisch behandelt, bedroht, verhört oder eingeschüchtert zu werden. Man dürfte mir auch nicht das Gefühl vermitteln, überhaupt nichts vom Leben zu verstehen.

Rebecca Manley-Pippert hat dem Gefühl der Krise Ausdruck verliehen, in der viele von uns stecken: „Ein Teil von mir stellte insgeheim fest, dass man so eine Form der Evangelisation nicht einmal seinem Hund antun sollte, geschweige denn einem Freund.“[1]

Würde also Jesus ein himmelschreiendes Plakat zur Hand nehmen? Er gab sich nicht mit unpersönlichen Botschaften zufrieden; er schickte nicht bloß ein Fax vom Himmel, auf dem sein Kommen und sein Sterben angekündigt wurden. Stattdessen ist er höchstpersönlich zu uns gekommen; er ließ sich herab in unser Elend und wurde Mensch. Er wollte die Kraft des Heiligen Geistes nicht für sich selbst behalten, sondern wirkte beispielsweise in der Mittagspause mit sanfter verbaler Gewalt auf die Frau am Brunnen ein.

Bitten wir Jesus um Hilfe, als Gute Nachricht wirksam zu sein. Unsere Freunde (und vielleicht auch der Hund) werden es uns danken.

Anmerkung

[1] Rebecca Manley Pippert, *Out of the Saltshaker* („Raus aus dem Salzstreuer"), Inter Varsity Press

Wer hat das Licht ausgemacht?

Die Plätze im Flugzeug werden für Menschen mit nur einer Gesäßhälfte entworfen. Ich aber habe zwei, sozusagen die komplette Ausstattung. Beide habe ich auf einem Flug nach Manchester auf einen Platz gezwängt und schnell nach dem fehlenden Ende des Sicherheitsgurtes gesucht, das geheimnisvoller Weise unter der Person neben mir verschwunden war, einem offensichtlich mit fünf Gesäßhälften gesegneten Menschen. Ich schnallte mich mit diesem beruhigenden Klicken an und atmete erleichtert auf. Den kurzen, einstündigen Flug wollte ich voll nutzen: Zeit zu lesen, zu dösen, nachzudenken, zu beten ...

Ich zog mein (christliches) Buch hervor, das Flugzeug startete und die Flugbegleiter fingen eifrig an, gesalzene Erdnüsse zu verteilen – ideales Futter angesichts der Lufttrockenheit an Bord. Plötzlich merkte ich, wie mein Nachbar mir über die Schulter auf die Buchseiten starrte. Ich hatte ihn bei meiner Gurtsuche ja schon unfreiwillig näher kennen gelernt, aber eigentlich nicht beachtet.

Er stopfte sich eine Erdnuss in den Mund und sprach mich an. „Was lesen Sie denn da?"

Mein Gehirn schaltete auf den „christlichen" Modus und erwog eine angemessene Reaktion. In Millisekunden überlegte ich mir, dass die Antwort weder gummiweich noch knallhart lauten sollte: *„In der Tat ist es ein christliches Buch, mein Freund, was mich auf die Frage bringt: Sind Sie sich darüber im Klaren, wo Sie die Ewigkeit verbringen, sollte dieses zerbrechliche Flugzeug zu Boden stürzen und in einem Feuerball verglühen ...?"* Ich hatte häufig darüber gepredigt, dass Christen reflektierende und sensible Zeugen für Christus sein müssen. In meinen jungen Jahren als Christ war ich so scharf darauf, „Zeugnis abzulegen", dass ich jedes Gespräch, unpassend oder nicht, auf das Thema Gott hin zerrte:

„Jeff, möchtest du ein Käsesandwich?"

„Nein danke, denn ich habe ja das Brot des Lebens ..."

Wie also sollte ich die Frage dieses Mannes nach meinem Lesestoff mit aller Umsicht beantworten? Ich räusperte mich und sagte bedeutungsschwanger: „Es ist ein Buch."

Der Mann bedachte mich mit einem Blick, den er wahrscheinlich seit dem Tag nicht mehr verschossen hatte, als er bemerkte, dass er mit einer Gesäßerweiterung geschaffen worden war.

„Ja, das ist mir aufgefallen. Was für ein Buch ist es denn?"

Panik! Wie sollte ich dem Mitreisenden meine Lektüre offenbaren, ohne ihm den Eindruck zu vermitteln, er sitze neben einem frommen Fanatiker fest?

„Mhmmmm, das ist ein ... Quizbuch" ... (wenn man das Wort „christlich" sehr, sehr schnell ausspricht, hört es sich bei zusammengepressten Lippen wie „Quiz" an).

„Aha. Worum genau geht es?"

„Äh ... um ... Gtt." (Prinzipiell gleiche Wirkung bei schneller Aussprache.)

„Oh. Was machen Sie denn beruflich?"

Jeder Muskel meines Körpers spannte sich an bis zur totalen Starre. „Ich, äh ... ich lehre", sagte ich und gratulierte mir innerlich zur Antwort, die sich viel, viel besser anhörte als „Pastor", „so eine Art Priester" oder „Gemeindeleiter".

„Ach, Sie sind also Lehrer", erwiderte er, wodurch meine Selbstzufriedenheit sofort verdampfte und frischer Schweiß auf meine Stirn trat.

„Nein, das nicht. Ich ... mhm ... predige. Ich lehre ... aus der Bibel." Und mit einem Hauch von Mut im Herzen schob ich hinterher: „Ich bin unterwegs zu einer christlichen Veranstaltung, bei der ich heute Abend einen Vortrag halte." So, jetzt war es heraus. Ich lehnte mich zurück, und die Fragen blieben vorerst aus.

„Und was genau wollen Sie den Leuten heute Abend von Gott erzählen?", fuhr er dann fort.

Also erstattete ich Bericht. Er warf nicht gerade die Erdnüsse fort, er warf sich auch nicht um Vergebung flehend auf den Boden nieder, doch hörte er zu und stellte Fragen. Das gab mir die Chance, die Zeit im Flieger auf die beste aller Arten zu nutzen und ihm die großartige Nachricht von der Liebe Gottes näher zu bringen.

Doch als wir gelandet waren, dämmerte mir, dass der arme Mann mich wirklich hatte nötigen müssen, damit ich ihm widerwillig etwas vom Evangelium erzählte. Ich war so entschlossen, möglichst cool und unaufdringlich zu bleiben, dass mir der Eifer verloren gegangen war, die weltbeste Botschaft zu vermitteln, die manchmal begeistert, manchmal aber auch unbequem ist.

Kann es sein, dass wir dieses Thema der Ewigkeit, die Schärfe und Dringlichkeit, die in der Botschaft Jesu steckten, aus den Augen verloren haben? Haben wir als Gegenreaktion auf Angst machende „Hölle-Tod-und-Teufel"-Predigten vielleicht die Realität vergessen, dass unsere Botschaft absolut lebenswichtig ist? Hat das Salz seine Würzkraft verloren?

Elton John hat sich bei der Trauerfeier für Prinzessin Diana ganz gut gemacht. Doch als die halbe Weltbevölkerung vor dem Fernseher saß, haben wir, die christliche Kirche, die Jesus dient, der sich das Licht der Welt nennt, Milliarden Menschen nur eine flackernde, schwindende Kerze im Wind und viel heiße Luft in Form von süßlichen Worten über Diana präsentiert. 1 Korinther 13 wurde zusammenhanglos zitiert und Diana als eine Art Heilige dargestellt, statt auf den hinzuweisen, der die Schlüssel zu Leben und Tod in der Hand hält. Doch wer bin ich schon, mahnend den Finger zu heben, wenn ich selbst nicht bereit bin, die Gute Nachricht klar, mitfühlend und voller Dringlichkeit weiter zu sagen?

Jemand sollte wirklich mal das Licht anmachen!

Nie mehr Feindflug

Der Nachmittag hatte ruhig begonnen. Mein Sohn Richard und ich bummelten in einem regelrechten Kaufrausch die Worthing High Street entlang auf der Jagd nach CDs, Stereozubehör und sonstigen Dingen, die auf die Männchen unserer Spezies so faszinierend wirken. Plötzlich erspähte ich „sie". Banditen genau in unserer Richtung in 300 Meter Entfernung: drei Hare-Krishnas. Natürlich waren sie inkognito, die Schufte, ganz ohne orange Gewänder/Trommeln unter der linken Achselhöhle/kahl geschorene Köpfe. Nein, sie trugen Sportmützen und Anoraks. Ich aber durchschaute sofort ihre Maskerade. Es waren auf jeden Fall Hare-Krishna-Jünger. Richard musste sofort informiert werden.

Ich zischte ihm also aus dem rechten Mundwinkel zu. „Guck mal! Da vorne. Typen mit Eimern, sehen aus wie vom Hundezüchterverein. Sind aber in Wirklichkeit Hare-Krishnas. Da mischen wir uns ein. Vorwärts!“

Richard war schon früher mit mir Einkaufen gewesen, konnte für diesen Einsatz also als Veteran gelten. Vor Wochen hatten wir uns schon mal mit einem Paar tief fliegender Krishnas befasst. Uns war ein etwas irreführender Trick aufgefallen, den sie zum Spendeneintreiben bei arglosen Passanten anwandten: Sie klapperten mit ihren Eimerchen und baten um milde Gaben für Behinderte. Der Trick funktionierte; die Eimer füllten sich nach und nach bis zum Rand. Nur Richard und ich hatten festgestellt, dass die Krishnas eigentlich gar kein bestimmtes Programm vorweisen konnten, wie den Behinderten geholfen werden sollte. Sie hatten vor, das Geld für Krishna-Lehrmaterial aufzuwenden, mit dem Behinderte angeworben werden sollten, sich ihnen anzuschließen. Das war die „Hilfe“. Voller gerechten Zorns legte ich mich scharf in die Kurve, und Richard und ich machten uns zum Kampf bereit.

Der Schlachtplan war einfach: Wir zwei mussten uns in straffer Formation an den Feind heranpirschen und dann so langsam werden, dass einer der Sammler die Möglichkeit erfasste, auf uns zuzugehen. Wir könnten ihm dann zu verstehen geben, dass wir trotz der Verkleidung seine wahre Identität erkannt hatten. Dann würde er es mit dem Geschütz des Evangeliums zu tun bekommen. Mir schoss das Adrenalin durch den Körper, als es in den Kampf ging.

Wir mussten dreimal vorbeilaufen, bis sie den Köder annahmen. Beim letzten Mal näherten wir uns im Schneckentempo, ausgerüstet mit einem etwas dümmlichen, aufgesetzten Grinsen, das besagte: „Kommt und holt euch mein Geld.“

Es klappte. Entweder war den Krishnas unser dreifacher Annäherungsversuch nicht aufgefallen, oder sie dachten vielleicht, wir wollten unbedingt spenden.

„Hallo, Sir, möchten Sie eine Spende für die Behinderten geben?"

Jetzt ganz ruhig. Nichts übereilen. Schau ihn an, atme tief ein und halte dich sachte bereit, ihm einen Bibelvers um die Ohren zu klatschen.

„Sind Sie von Hare Krishna?", erkundigte ich mich mit fester Stimme, jetzt ganz ruhig, sogar freudig erregt, denn ich wusste, dass er in Rauch aufgehen würde.

„Ja, Sir, bin ich", kam die erwartete Antwort – und plötzlich schlug aus heiterem Himmel das Unheil zu. Mein Gehirn fror ein; mein Mund trocknete in Sekundenschnelle aus; meine smarte Waffe zur Sektenentlarvung hatte Ladehemmung, und mir fiel kein einziger zusammenhängender Satz mehr ein, ganz zu schweigen von Bibelstellen.

Richard schaute mich an und wartete darauf, dass ich dem Mann seine erste Erlösungssalve verpasste – doch da kam nichts. Alles, was ich gerade noch schaffte, war ein schwaches: „Na dann – nein, danke." Es war Zeit, sich davonzumachen, und zwar schnell. Ich gab Richard ein Zeichen, mir zu folgen, und eilte fort, um schnell mit der Menge zu verschmelzen. Es hatte nicht sollen sein.

Der Krishna-Jünger war sauer und rief mir auf dem Rückzug nach: „Entschuldigen Sie mal. ENTSCHULDIGUNG ... ich bin ein MENSCH. Sie haben mich gerade wie einen Unmenschen behandelt, und DAS KANN ICH NICHT LEIDEN."

Ich blieb stocksteif stehen. In mir flatterte der Magen. Andere Passanten blieben auch stehen und starrten mich neugierig oder verächtlich an, als hätte ich eine ansteckende Krankheit. Ich drehte mich um und schaute dem Krishna-Jünger ins rot angelaufene Gesicht. Noch langsamer als vorhin bewegte ich mich zu ihm zurück. Jetzt war es wohl angebracht, mich zu entschuldigen.

„Tut mir Leid. Ich bin Christ, und ich habe mich gerade ganz blöd benommen. Ich wollte Ihnen die christliche Botschaft sozusagen um die Ohren schlagen, aber mir fiel überhaupt nichts mehr ein ... Tut mir Leid, dass ich so respektlos gewesen bin."

Richard war wie betäubt und berichtete später seiner Mutter von dem Vorfall. „Echt, Mama, Papa hat sich zehn Minuten lang bei einem Typen entschuldigt, der Harold Krishna hieß."

Und der Mann mit dem Eimer hat mich gelehrt, dass wir bei unserem Evangelisationsdrang die Menschen nie wie Missionsobjekte, Kunden und ganz bestimmt nie wie Feinde behandeln dürfen. Nichtchristen sind keine Trophäen oder Zahlen einer Statistik. Sie sind menschliche Wesen mit Gedanken, Gefühlen und Meinungen, die allesamt von ihrem Schöpfer mit Würde ausgestattet wurden. Sie wurden vom Sündenfall beschädigt, ebenso wie wir.

Ich bin froh, dass ich den Krishna-Jüngern in Worthing begegnet bin.

Ich gehe nicht mehr auf Feindflug.

Das erste Mal

Mein Herz klopfte wild in der Brust, als ich in den grob gezimmerten Bau mit Wellblechdach trat. Plötzlich war ich in einer seltsam fremden Welt. Der Lobpreisleiter ruderte windmühlenartig mit den Armen und rang mit einem Lächeln, das auf sein ganzes Gesicht überzugreifen drohte. In der Versammlung waren die meisten Augen feucht, und manche Leute hielten die Arme erhoben.

Nanu? Wem winkten sie denn zu? Wollten sie um Erlaubnis bitten, auf die Toilette zu gehen – eine Hand, wenn es nicht so dringend war, zwei, wenn man *unbedingt jetzt* musste? Viele hatten die Augen fest geschlossen, manche murmelten leise vor sich hin, andere sprachen scheinbar Russisch – oder gar Mandarin?

Ein totales Durcheinander, fand ich, aber es sollte noch viel schlimmer kommen. Abrupt endete das Lied, jeder setzte sich, und erst da sah ich es. Welcher vernünftige Mensch würde auf die Idee kommen, mitten im Gottesdienstraum einen Mini-Swimmingpool aufzustellen?

Der Pastor trat auf, eine imposante Erscheinung in seinem langen schwarzen Gewand, nur die Anglerstiefel störten den Gesamteindruck ein wenig – ein Dracula der Gewässer. Jetzt gesellte sich ein anderer Mann zu ihm in den Pool. Plötzlich ergriff Reverend Dracula den Unglücklichen und tunkte ihn unter Wasser. Er war jetzt getauft, und mir reichte es. Draußen in meinem Auto fasste ich den Entschluss: Diese Christen sind verrückt. Mit denen wollte ich nie wieder etwas zu tun haben.

Dann merkte ich, dass ich meinen Mantel im Gemeinderaum liegen lassen hatte.

Ich schlich mich zurück und wurde sofort vom grinsenden Jugendleiter abgefangen. In meinem ganzen Leben hatte ich noch nie so viele Zähne in einem menschlichen Kopf gesehen. Er lud mich zum „Nachglühen“ ein. Wie jetzt? Wollte dieser Haufen den Tag mit Brandstiftung ausklingen lassen? Ich ging rein und gesellte mich zu den Nachglühern. Draculas Opfer kam auf mich zu. Feucht, wie er war, reichte er mir die Hand und redete nicht lange um den heißen Brei. „Hallo. Bist du Christ?“

Ich murmelte etwas Unverständliches und stellte plötzlich fest, dass ich Gott nicht kannte, es aber eigentlich schon ganz gern wollte. Diese Leute hatten mich verwirrt und geärgert, aber ich musste wissen, was es mit diesem breiten Lächeln auf sich hatte, das sie alle im Gesicht hatten. Ich teilte meinem noch tropfenden Freund mit, ich sei kein Christ, könnte mir aber vorstellen, einer zu werden.

Seine Worte trafen mich bis ins Mark: „Dann musst du in den kleinen Raum da hinten.“

Horror! Dracula musste da drin sein, wo Schränke aus Edelstahl und glänzende Skalpelle auf mich warteten. Doch in dem „kleinen Raum“ erklärte mir mein tropfnasser Freund das Evangelium, ganz ohne Nachhilfe durch Spritzen oder Gummihandschuhe. Plötzlich war es 22 Uhr abends und ich Christ. Ich trat hinaus in einen vermeintlich leeren Gemeinderaum. Dann sah ich sie und hörte die Freudenrufe.

Jeder Einzelne aus dieser kleinen Versammlung hatte gewartet, um mich in ihrem Kreis willkommen zu heißen. Mit unverhohlenem Entzücken standen sie in langer Schlange da, und ich ging langsam die Reihe entlang und wurde umarmt und begrüßt und ermutigt. Ich hatte die Gemeinschaft der Christen entdeckt – die Kirche. Sie waren in fast allem, was hier gesagt und getan wurde, Lichtjahre von meiner Kultur entfernt. Aber sie liebten Gott, sie liebten einander und sie liebten mich. Ich war zu Hause.

Wachstum

Potenzial

„Jesus sah ihn an und sagte: ‚Du bist Simon, der Sohn von Johannes. Du wirst einmal Petrus genannt werden'" (Johannes 1,42).

Alles kann sich in einem Augenblick verändern – besonders dann, wenn Jesus sich einmischt. Nur drei Worte aus seinem Mund haben vor 2000 Jahren das Leben eines zerlumpten Haufens ganz gewöhnlicher Menschen völlig umgekrempelt. Er schlenderte auf ein paar Fischer zu, die schwitzend über ihre verklumpten Netze gebeugt waren, und lud sie mit den Worten ein: „Folgt mir nach."

Ein Steuereintreiber hockte an seinem Tisch und traute sich nicht aufzuschauen. Er, mit dem eigentlich niemand befreundet war, hörte das gleiche leise: „Folge mir nach." Und alles wurde anders, weil „das Leben" anfing.

Nur drei Worte. Mit der Berufung dieser ersten Jünger machte Jesus keine Partei auf, verkündete kein Manifest, präsentierte keinen Plan oder eine Strategie. Vielmehr verlangte ihn nur nach der Gemeinschaft mit Petrus, Jakobus, Johannes und Matthäus, eine Art mobile Dauerparty! Die Toten wurden auferweckt und tanzten, die Tauben hörten den Rhythmus der Musik, und die Blinden sahen wieder Farben und Formen. Menschen, denen von der organisierten Religion immer wieder die Tür vor der Nase zugeschlagen worden war, schlossen sich dem fröhlichen Treiben an. Wasser verwandelte sich in Wein, es gab Brot für 5000, die Damen der Nacht wurden zu Ehrengästen an einem Tisch der Gerechtigkeit und der Freude. Und das alles fing an mit den Worten „Folgt mir nach."

Ob die Jünger wohl darüber nachgegrübelt hatten, was ohne die „zufällige" Begegnung mit Jesus aus ihnen geworden wäre? Er war von einem Augenblick auf den anderen ihr Dreh- und Angelpunkt, ihr Verbindungsglied, ihre Revolution geworden. Dreißig Sekunden nach der Begegnung mit Jesus war *alles* anders geworden, und an Normalität war nicht mehr zu denken. Drei Worte von ihm, und der Kampf ums Überleben war zum Leben selbst geworden, die Dunkelheit floh beim plötzlichen Kommen des Lichts: Ein umwälzender Wandel, so absolut und total, dass Jesus ihn mit den Worten „neu geboren" beschrieb; die Auslöschung des alten Lebens und eine völlige Neuordnung.

In der Begegnung steckte Potenzial. Jesus erkannte, wer und was Simon war, und er begann ohne Umschweife, den stämmigen Fischer zu informieren, dass neue Pläne auf ihn warteten: Pläne, die ihn in eine Persönlichkeit verwandeln sollten, die er sich in seinen wildesten Träumen nicht ausmalen konnte. Simon Petrus hätte irgendein anonymer Niemand werden und bis zum Ende seiner Tage als einfacher Fischer leben können. Sein Leben wäre heute unter dem Staub und Abfall der Geschichte verborgen. Er hätte ein Sünder von Format werden können, ein Ehebrecher oder Kleinkrimineller, der sich die schmalen Einkünfte als Fischer durch Betrug oder Intrigen aufbessert. In jedem von uns steckt das Potenzial für Gutes oder Böses, doch wenn wir Jesus begegnen, öffnen wir die Tür zu einem Leben auf höherem Niveau – ein Leben, das sich hoch wie die Stratosphäre über den bloßen Überlebenskampf erhebt.

Denken Sie einmal über sich selbst nach. Haben Sie sich schon mal gefragt, wo Sie heute stehen würden, wenn Sie nicht auf Jesus gestoßen wären? Ich habe mir diese Frage gestellt. Wen hätte ich geheiratet? Wäre diese Beziehung noch intakt? Mit 22 habe ich mich für den Dienst in der Gemeinde entschieden. Welche beruflichen Wege hätte ich sonst eingeschlagen, und wäre ich damit zufrieden gewesen? Was ist mit meiner Fähigkeit, über den eigentlichen Sinn des Lebens nachzudenken? Wäre ich nicht Christ geworden, wie würde ich dann mit meinem Leben fertig werden? Hätte ich meine Fragen unter einer Existenz begraben, bei der man arbeitet, um Geld zu verdienen, mit dem man Dinge kauft, um es zu ertragen, wieder zur Arbeit zu gehen, um Geld zu verdienen? Hätte ich den Schmerz des Lebens mit Drogen, Alkohol oder lieblosem Sex betäubt?

Ich hätte ja beinahe Jesus verpasst. Ich war so nahe dran, vor der wichtigsten Einladung meines Lebens davonzulaufen. Am Tag, als ich Christ wurde, war ich bereits fluchend und schimpfend aus dieser kleinen Gemeinde gerannt, um nie zurückzukehren, weil ich überzeugt war, dass all die begeisterten Gläubigen in eine Irrenanstalt gehörten, so sehr hatte mich diese strahlende, fröhliche Verrücktheit aus der Fassung gebracht. Ich weiß noch, wie ich ins Auto sprang, mir eine Zigarette anzündete und mich noch einmal fluchend bei meinem Freund ausließ, der mitgekommen war: „Das war's (...), ich geh nie wieder in so eine (...) christliche Gemeinde, so lange mein (...) Leben dauert ... die sind doch alle (...) ..."

Dann merkte ich, dass ich bei der eiligen Flucht meinen Mantel da hinten im Wellblechbau gelassen hatte. Mir blieb nichts übrig – ich musste noch einmal zurück in den Zoo. Ich lief in den Vorraum, um mir den Mantel so schnell zu greifen, dass ich mich ein für alle Mal aus dem Staub machen konnte.

Doch der grinsende Jugendleiter wartete auf mich mit dieser lächerlichen Einladung.

Mein Kopf sagte: *Kneipe, Mantel her.* Mein Mund sagte: „Ja, warum nicht, ich würde gern mitkommen, danke schön."

Eine halbe Stunde später knieten mein verschreckter Freund und ich im Hinterzimmer und beteten darum, dass Jesus die Führung in unserem Leben übernehmen möge. Mein Freund war mir als Ein-Mann-Suchtrupp aus dem Auto nachgekommen, um mich herauszuholen, und auch er war geblieben und wurde Christ. Innerhalb von Minuten war alles anders geworden. Ich hatte das „Folge-mir-nach" selbst gehört.

Heute, nach 22 Jahren, bin ich so froh, dass ich diese Chance nicht verpasst habe. Ich bin froh, dass Jesus damals die Führung übernommen hat. Ich bin froh, dass er nicht nur sah, wer ich war, sondern auch, was aus mir werden könnte. Ich bin froh, dass ich meinen Mantel vergessen habe.

Zuhören

Ich hatte einen langen Flug in die USA hinter mir. Flüge in der Touristenklasse vermitteln das Gefühl, 9 Stunden lang mit den Beinen hinter den Ohren gesessen zu haben, und man serviert ein Essen, das wie die Luftaufnahme von einem Bauernhof aussieht. Ich mietete ein Auto und informierte die Dame hinter dem Schalter kühl, dass ich – nein, danke! – keine Belehrung nötig hatte, wie man diesen Wagen bedient.

Unter einem mondlosen Himmel fuhr ich nach Süden und rieb mir die Müdigkeit aus den Augen. Es war lange nach Mitternacht, als ich in die Dunkelheit der kleinen Stadt in Oregon einfuhr, die mein Ziel war. Ich wollte bei Chris und Jeanne übernachten, die unsere besten Freunde geworden waren. Beim Einparken vor dem Haus stellte ich fest, dass rundum geschnarcht wurde; beim Ausladen sollte ich wohl besser sehr leise sein.

Als ich Sekunden später die hintere Tür öffnete, wurde es laut. Ein ohrenbetäubendes Alarmsystem war von hintersinnigen Menschen in den Mietwagen eingebaut worden, damit auch jeder Außerirdische in Millionen von Kilometern entfernten Galaxien hören konnte, dass hier ein Auto gestohlen wurde. In der gesamten Stadt wachten ansonsten freundliche Menschen fluchend auf. Ich geriet in Panik und rannte ein ums andere Mal um das Auto – in Notsituationen eine ausgezeichnete Strategie!

Im Haus hörten meine Freunde die Kakophonie draußen, lächelten sich wissend zu und sagten: „Anscheinend ist Jeff angekommen." Chris kam auf Socken rausgerannt (natürlich hatte er mehr als nur Socken an, aber man weiß ja, was ich meine).

„Hey, Jeff, willkommen in Amerika. Schnell, ins Auto", schrie er gegen das nukleare Frühwarnsystem an, das unter der Haube hervor dröhnte. Nachdem die Leute in unmittelbarer Nachbarschaft geweckt worden waren, rissen wir jetzt den Rest der Stadt aus dem Schlaf. In vorher abgedunkelten Häusern gingen die Lichter an. Der Alarm wurde lauter und kreischte sich durch ein ausführliches Repertoire an ohrenbetäubenden Melodien. Wir bogen auf den dunklen Vorhof einer Tankstelle und dachten fieberhaft nach.

„Klemmen wir die Batterie ab", sagte ich.

„Nein, sehen wir mal in die Bedienungsanleitung", sagte er.

„Drehen wir noch ein paar Runden um das Auto", sagte ich.

„Nein, rufen wir die Mietwagenfirma an", sagte er. Und dann warf Chris einen Blick auf die Autoschlüssel in meiner verschwitzten Hand. Seine Augen wurden schmal.

„Jeff ... ist das da an der Schlüsseltasche ein Panikknopf?"

Ich erwiderte, ja, da sei tatsächlich ein Knopf mit dem Wort „Panik" fein säuberlich darunter.

„Wäre es möglich, Jeff, dass du zufällig diesen Knopf gedrückt hast, o du Geschöpf mit dem Gehirn einer Rennmaus?"

Ich bestätigte, dass so etwas möglicherweise der Fall gewesen sein könnte. Ich drückte nochmals auf den Knopf. Erhabene Stille breitete sich aus, und um uns her ward ein lieblicher Frieden. Ein Polizeiwagen kreuzte auf, zweifellos von dem Lärm herbeigerufen. Wir duckten uns hinter das Armaturenbrett: Lärmverbrecher auf der Flucht. Und plötzlich erinnerte ich mich an die freundliche Dame bei der Autovermietung, die mir noch Ratschläge hatte geben wollen – doch ich war zu genervt gewesen, zu sehr von meiner eigenen Erfahrung überzeugt, zu sicher, um zuzuhören.

Hören wir doch lieber Gott zu. Hören wir unseren Freunden zu. Hören wir manchmal auch unseren Feinden zu. Sie mögen uns wohl nicht, und ihre Worte könnten hässlich verpackt sein, doch vielleicht enthalten sie ein Körnchen Wahrheit.

Zuhören ist besser, als eine Runde nach der andern in ohrenbetäubendem Lärm zu drehen.

Achtung, Bauarbeiten!

Wir hatten gerade die Handwerker da, wie man so sagt. Tatsächlich waren sie anderthalb Jahre lang „da", hatten also eigentlich ihren ständigen Wohnsitz bei uns. Alles fing ganz gut an: Erst tauchte ein lustiger Typ mit der üblichen in den Kniekehlen hängenden Jeans auf. Sein Bauch lächelte uns in einem Streifen zwischen der Jeans und dem schmuddeligen Shirt an. Auch sein Gesicht wirkte wie ein Smiley-Sticker, als er unser Haus demolierte und sich über die Reparaturen vorheriger Handwerker lustig machte.

Mich erfüllte sogleich Bewunderung für die Geschicklichkeit dieses unerschrockenen Baumeisters. Das Heimwerken gehört nicht zu meinen Gaben, wie man als Christ zu sagen pflegt. Das bedeutet Folgendes: Wenn ich ein Regal aufbauen will, fängt die ganze Familie an, heulend und zähneklappernd Stoßgebete gen Himmel zu senden. Elektrische Anschlüsse machen mir besonders zu schaffen. Ich bekomme bei den Steckern nie die Drähte mit den passenden Farben zusammen, weswegen ich fast meine Mutter auf dem Gewissen habe, die den Stecker vom Wasserkocher in eine von mir installierte Dose steckte. Wenigstens bekam sie dabei eine kostenlose Dauerwelle, auch wenn es tagelang etwas unangenehm nach verbranntem Haar roch.

Bei unserem Umbau hat fast alles außer der Konstruktion des neuen Schornsteins gut geklappt. Er funktioniert dann, wenn der Wind nicht stark genug ist, um eine Feder ganz leicht zum Zittern zu bringen. Die leichteste Brise dagegen verursacht dicke, beißende Rauchschwaden in unserem Wohnzimmer. Gasmasken setzen wir nur ungern ein, und es ist ein bisschen langweilig, wenn man beim Fernsehen wegen des Rauchs eigentlich gar nichts sieht.

Der Rauch war allerdings nicht die Hauptursache für unseren Ärger. Es war nicht das ständige Klappern genagelter Stiefel auf den Treppen, die 17 Millionen Tassen Tee oder die interessanten Ausdrücke unserer treuen Handwerker, wenn sie ihren Daumen mit dem Hammer trafen. Der ganz große Stress wurde nicht verursacht von der optimistischen Lebensweisheit „Immer das Beste draus machen", mit der sie den handbreiten Spalt unter einer schlecht sitzenden Tür verteidigten: Der würde doch die Luftzirkulation verbessern.

Nein, der Stress ergab sich aus der anhaltenden Unfertigkeit. Wir wohnten im Dauerzustand des „Bald-fertig", und mit letzter Energie sagten wir uns immer wieder, dass es nicht mehr lange dauern würde. Kurzum, wir befanden uns im Dauerumbau.

Eine ähnliche Frustration befällt mich fast jeden Morgen, wenn sich meine Augenlider heben und ein neuer Tag meiner unfertigen Existenz beginnt: ein Mensch im Umbau. Eine Reise kann ja ganz spannend sein, doch hin und wieder wünschte ich mir, mal nicht „unterwegs" zu sein und mich mit den immer gleichen Grundlagen herumzuplagen, sondern wenigstens den Rang eines „Juniorchefs" der Geistlichkeit erlangt zu haben und mich einfach mal eine Weile ausruhen zu können.

Aber vielleicht soll ich auch erfahren, dass Gott nicht wartet, bis ich vollkommen bin, um mich zu lieben. Er betrachtet mich als sein Werkstück: Bröckelnder Putz, wackelnde Dachziegel, abgenutztes Parkett und so weiter. Und er versteht wohl auch, dass mir der Schmutz, Staub und Schutt des nie endenden Umbaus meines Lebens allmählich reichen. Deshalb werden wir in der Bibel aufgefordert, auf der Rennstrecke zu bleiben, die vor uns liegt. „Nur Geduld, Gott ist mit mir noch nicht fertig!", ist mehr als ein lustiger christlicher Spruch, mehr als eine Ausrede, wenn wir uns blamiert haben. Unsere Mitmenschen und wir sollten eigentlich ein Warnschild um den Hals tragen: „Achtung Baustelle – Gott ist an der Arbeit."

Der schmale Pfad

Ich, meine Damen und Herren, bin jetzt zahlendes Mitglied im hiesigen Fitnessstudio. Ich habe meine Beitrittsgebühr entrichtet, und mittlerweile räumt monatlich ein gewichtiger Überweisungsauftrag mein Konto ab, der wirklich schlagende Beweis meiner athletischen Bestrebungen.

Mein Beitritt zur „Turnschuhfraktion" war seit langem überfällig. Die Löcher an meinem Gürtel gingen mir aus.

Nicht nur, dass meine Füße unter dem geweiteten Umfang meines Bauches unsichtbar wurden; zudem wurde beobachtet, wie Kinder und kleine Tiere unter dem Schatten meines Bauches Zuflucht suchten. Schon das Aufschlagen der Bibel brachte mich außer Atem. Von den Evangelien bis zu den Briefen klappte es mit dem Weiterblättern, aber der Wechsel vom Alten zum Neuen Testament zeigte mir meine Grenzen auf, und ich ahnte, dass die Verwendung einer großen Konkordanz mich tatsächlich ins Aus befördern könnte. Körperliche Arbeit beschränkte sich bei mir auf das Training des rechten Armmuskels, das sich beim Heben eines Hamburgers zum Mund ergab. Da musste etwas geschehen.

Ich zwängte mich in meine alten Sportsachen, die in Mode waren, als Emil Zatopek sein Leistungshoch hatte, und machte mich zur „Evaluation" auf in die Folterkammer. Ein schlecht gelaunter Trainer mit vorwurfsvollem Gesichtsausdruck („Schon wieder so einer!") ließ mich auf einem Laufband rennen und in ein Ding pusten, das wie ein Staubsaugerschlauch aussah und roch. Dann jagte er mir ein paar Watt Elektrizität durch den Körper, um meinen Fettgehalt zu messen. Das Ergebnis bewies, dass praktisch alles an mir außer meinen Zehnägeln wahrhaftig aus 1-A-Qualitätsspeck bestand. Also verschrieb er mir einen rigorosen Tagesablauf, der mich in Bruce Willis verwandeln sollte, und zwar mit freundlicher Unterstützung von Step-Geräten, Ruderapparaturen, die einem bei jeder Bewegung in die Hose beißen, und des dämonischen Fahrrads, das immer bergauf fährt.

Nun also verfügte ich über den Schlüssel zu einem stählernen Körper. Alle Leser wissen, was jetzt passierte: Ich war zweimal da. Das erste Mal fand ich es toll und war entschlossen, dem geistlichen Amt den Rücken zu kehren, um eine bemerkenswerte Karriere als Bodybuilder anzustreben. Ach, *zweimal täglich* wollte ich zum Training, nicht nur einmal. Bald würde ich als Muskelpaket am Strand christliche Literatur verteilen und jedem Heiden Sand ins Gesicht treten, sollte er die Abnahme des Traktats aus meiner gestählten Hand verweigern.

Beim zweiten Mal hasste ich jede Sekunde. Ich stolperte mit hochrotem Kopf aus dem Studio, schnappte mit wogender Brust nach Luft und bot rundum ein Bild des Jammers.

Ich bin nicht mehr hingegangen. Natürlich denke ich jeden Tag daran, und das schlechte Gewissen macht mir zu schaffen. Diesen Zustand bewältige ich durch Verdrängung. Ich denke nicht daran, weiter geschnittene Sachen zu kaufen. Die Mitgliedskarte steckt in der hinteren Tasche von Jeans, die *sehr* eng sitzen. Ich strebe Fitness an, glaube an Fitness und sehne mich danach, fit zu sein. Ich will mich bloß nicht auf die Schritte einlassen, die vom Wunsch zum Erlangen des Ziels getan werden müssen.

Den gleichen traurigen, schlaffen Zustand erlebe ich häufig in meinem geistlichen Leben. Aus irgendeinem Grund will ich glauben, dass es Reife ohne Mühe, Entwicklung und Wachstum ohne Kosten, Entschlossenheit oder Entscheidungen gibt. Ich verwechsle die Erlösung, die mir ohne eigene Kosten zusteht, mit der Heiligung, die zielgerichtete Disziplin erfordert. Heiligkeit ist tausendfaches Handeln.

Der Apostel Paulus teilte seinem Jünger und Freund Timotheus mit, er möge sich „in der Gottseligkeit üben". Das Wort „üben" heißt im Griechischen *gymnazo*. Klingt das vertraut? Ja, es ist die Wurzel unseres Wortes „Gymnasium" (griechisch für „Turnhalle"). Paulus teilt Timotheus und ebenso uns mit, dass Reife sich nicht automatisch einstellt. Wir müssen uns sozusagen ins Gymnasium begeben und uns ohne jede Gesetzlichkeit um Disziplin bemühen, wenn wir im geistlichen Sinne Muskeln entwickeln wollen.

Es wird Zeit. Ich habe eine dringende Verabredung mit einem dämonischen Fahrrad.

Wähl mich, bitte!

Unser Dachboden ist ein Katastrophengebiet. Koffer, die nie mehr das Tageslicht sehen werden, kämpfen mit verblichenen Zeitungen um Raum. Dort liegen ein paar furchtbar verbogene eiserne Tischleuchter, einst von gequälten Seelen gestaltet: Lampen, die das Tageslicht nie hätten erblicken dürfen. Unser Dachboden gleicht den Überbleibseln von Harmagedon.

Es war während meines jüngsten Aufstiegs unter die Dachsparren, als ich meine alten Fußballschuhe aus der Schulzeit entdeckte. Ich ließ meine Finger das müde, rissige Leder entlanggleiten, auf dem immer noch der Schlamm von vor 30 Jahren klebte, und erinnerte mich an einen schrecklichen Tag in meiner unheilvollen Fußballkarriere. Das Spiel selbst war eine Katastrophe für mich: Nach zehn Minuten stoppte unser Sportlehrer und Schiedsrichter das Ganze und fragte mich, warum ich mich als Mittelstürmer betätige, wo ich doch Verteidiger war. Ich werde leicht rot. An diesem Tag glühte ich wie eine rote Ampel, als ich langsam zu meiner rechten Verteidigungsposition zurückschlich.

Doch die Begebenheit, die sich wirklich in mein Gedächtnis eingekerbt hat, fand vor dem Spiel selbst statt – als die Mannschaften gewählt wurden. Kennen Sie das Verfahren noch aus der Schulzeit? Zwei Kapitäne, unglaublich gute Athleten, stehen abseits vom bunten Haufen möglicher Mannschaftsmitglieder, deren Augen flehend blicken, im Herzen den Hilferuf: „Wähl mich, bitte." Klar, die besten Spieler werden schnell rausgepickt. Übrig bleibt eine deprimierte Gruppe von Unfähigen, die unbedingt als Nächste ausgesucht werden wollen. Nur vier von uns waren noch da, dann drei, dann zwei, dann ... ich. Einer der beiden Kapitäne rümpfte die Nase, als ob ich der letzte verkrüppelte Weihnachtsbaum vor dem Fest wäre, und sagte: „Na gut ... dann nehmen wir halt Lucas." Wieder mal wurde ich rot.

Dieser Augenblick meiner persönlichen Geschichte soll nicht auf die Goldwaage gelegt werden. Auch wenn er damals qualvoll war, glaube ich nicht, dass solche Erlebnisse meiner seelischen Gesundheit wirklich geschadet haben. Doch als ich im Dämmerlicht des Dachbodens wieder mal die alten Fußballschuhe in der Hand hielt, sinnierte ich einen Moment lang über die Schande nach, die es bedeutet, nicht gewollt und nur zwangsweise erwählt zu sein.

Dann erinnerte ich mich an ein Wort von Jesus, das jeden von uns aufmuntern sollte, der nicht gerade ein genialer Sportler ist: „Nicht ihr habt mich erwählt, sondern ich habe euch erwählt" (Johannes 15,16). So normale und kaum vorzeigbare Existenzen wie Petrus mit seinem großen Mundwerk und der zweifelnde Thomas, ja sogar der Verräter Judas wurden aus der Masse ausgewählt und bekamen die Einladung, die ihr Leben, ja, die ganze Ewigkeit verändern sollte, nicht bloß 90 Spielminuten. Sie wurden erwählt, seine Jünger zu sein, seine Lehrlinge – und auch uns hat er in sein Team gerufen.

Bemerkenswert, dass er gerade uns dabei haben will. Immerhin sieht er als Trainer jede Schwäche, die wir haben. Wir können vielleicht die große Mehrheit täuschen, aber er sieht unsere unbeholfenen Bemühungen wie unter einer Lupe. Wir schießen daneben und behelfen uns gern mal mit einem Foul, und er schaut bei alledem zu. Er kennt uns und liebt uns trotzdem. Und er hat den höchsten Ablösebetrag der Geschichte bezahlt – sein eigenes Leben, sein Blut –, so dass wir auf seiner Seite spielen können.

Bleibt das Problem: Wie spielt man im Team von Jesus? Was heißt es, ein Jünger Jesu zu sein? Ich habe oft gedacht, dass es für Typen wie die Zwölf einfacher war – denn sie wurden von einem Jesus aus Fleisch und Blut ausgewählt und konnten 3 Jahre lang bei ihm sein. Für uns kann die Sache etwas komplizierter aussehen. Wie können wir Jesus in einer Welt nachfolgen, in der Moral und Güte und Werte verachtet werden, in der Spiritualität eine Modesache ist, den Christen aber scheinbar immer die rote Karte gezeigt wird?

Ist Jüngerschaft ein so erhabener Begriff, dass man ihn eigentlich nur auf die Märtyrer der Vergangenheit oder die verfolgte Kirche von heute verwenden kann? Das sollten wir lieber gleich klären, weil eben der Jesus, der uns erwählt hat, uns auch beauftragt, hinauszugehen und andere zur Ausbildung für sein Team zu gewinnen (Matthäus 28,19). Wenn wir im Johannesevangelium lesen und Jesus und das Thema Jüngerschaft näher betrachten, entdecken wir, dass das Leben mit ihm kein träumerisches Ideal für Wüstenmönche und missionarische Pioniere ist, sondern ein Lebensstil, auf den wir alle uns einlassen können.

Wenn wir berufen sind, „Jünger zu machen“, dann heißt das: Auch die andern sollten daran arbeiten, uns zu Jüngern zu machen. Lieder mit dem Inhalt „Er ist alles, was ich brauche“ versteifen sich auf die Idee, dass wir außer Gott selbst auf niemand anders angewiesen sind. Man trällert solche Liedchen vor sich hin, aber die Aussage stimmt theologisch vorn und hinten nicht. Wir brauchen andere Menschen, damit sie uns helfen, genau die Jünger zu werden, die Jesus möchte. Deshalb ist die Kirche mehr als ein Gesangsverein oder ein Zentrum für biblische Lehren – sie muss die Gemeinschaft sein, in der man Jünger wird, die Schmiede, in der Menschen mit Charakter und Bedeutung geformt werden.

Ich persönlich glaube, zur Jüngerschaft gehört die freiwillige Verpflichtung, anderen beim Aufräumen ihres Dachbodens zu helfen. Kommen Sie doch mal rüber. Vielleicht springt eine formschöne Tischlampe für Sie raus, ganz umsonst ...

Gott ist unterwegs

Ich wäre so gern dabei gewesen.

Es war ein heißer Sonntagabend, die Bänke voll besetzt, und es wurde Zeit für den Schlusssegen. Der Pastor, herrlich beindruckend in seinem schwarzen Anzug mit dem strahlend weißen Klerikerkragen, trat auf die Bühne und stellte sich majestätisch vor dem offenen Taufbecken auf. Noch vor einigen Minuten hatte eine Reihe strahlender frisch gebackener Christen freudig von ihrem Weg zu Gott erzählt, um dann ins kühle Nass zu steigen und sich taufen zu lassen. Jetzt war es Zeit, dem Abend den Abschluss zu verleihen.

„Möge der Herr euch alle segnen", sagte der Pastor und lächelte wohlwollend auf seine Herde nieder. „Wir sehen uns nächste Woche wieder ..."

Mit diesen Worten trat er zurück – direkt ins Becken. Ich wäre so gern dabei gewesen, um es selbst zu sehen. Verletzt hat er sich nicht. Großzügig stimmte er ins fröhlich schallende Gelächter ein, als er sich tropfnass in die Sakristei zurückzog. Ich mag es, wenn in der Kirche mal was „schief geht" ...

Ich wäre so gern dabei gewesen, als der ziemlich übergewichtige Anbetungsleiter (vom Typ her ein Sklaventreiber) von der Gemeinde verlangte, die Hände zu erheben, und zwar sofort! ... Als er selbst dann die Arme hochnahm, stöhnte seine Gürtelschnalle ein letztes Mal auf und explodierte. Die Hose rutschte ihm auf die Knöchel und gab ziemlich elefantöse Boxershorts preis, die mit Disney-Figuren bedruckt waren. Mir wurde erzählt, dass Mitglieder der Gemeinde sich Bibeln zwischen die Zähne klemmen mussten, um – vergeblich – Lachkrämpfe zu verhindern.

Meine Lieblingsgeschichte „kirchlicher Schieflagen" aber fand in den USA bei einem großen Weihnachtskonzert statt. Unsere amerikanischen Verwandten sind ja berühmt für ihre

Mega-Produktionen: Man besorgt echte Kamele und Esel, engagiert ein komplettes Orchester und ist in der Lage, „Engel“ 20 Meter hoch an unsichtbaren Stahlseilen durch die Luft fliegen zu lassen. Der Chor in Samt und Seide sang mit glänzenden Augen, die Musiker spielten perfekt ihre Noten, und die Kamele hatten zum Glück ihre Verdauung im Griff. Es war ein erhebender Augenblick, als schließlich „Gabriel“ seinen Auftritt hatte (Norman, ein unglückseliger Diakon, der unfreiwillig zum Freiwilligen ernannt worden war). Die Menge hielt den Atem an, während er über den Zuschauern in die Höhe glitt ... Da schlug das herrliche Missgeschick zu. Der Elektromotor, der Normans Seil zog, brannte durch, und er blieb stehen, so urplötzlich, dass er wild zu schaukeln anfing. Die Drähte an Normans Flügeln verwickelten sich miteinander, und er wirbelte immer schneller um die eigene Achse. Ich hätte diesen himmlischen Ventilator für mein Leben gern gesehen!

Denken wir aber mal über dieses lebhafte Bild nach: Ein Mann dreht und dreht und dreht sich um sich selbst ... und wir merken, dass dieses Rotieren genau der Zustand ist, mit dem sich viele Christen beschreiben lassen. Die rotierenden Heiligen sind nicht offen rebellisch, kehren nicht der Gemeinschaft den Rücken zu oder erheben drohend die Faust gen Himmel. Es sind nette, gute Menschen mit gesunder Lehre im Kopf und dem Herzen am rechten Fleck, wie man so schön sagt. Nur dass die „Wirbler“ sich, geistlich gesehen, bei allem Rotieren nicht fortbewegen. Ihr Wachstum verzögert sich. Ihr Christentum wird schal und statisch. Es kann den Besten passieren, dass sie sich auf der Stelle drehen.

Stellen wir uns einen abgewrackten Haufen hebräischer Sklaven vor, die vor etwa 3500 Jahren nach Gott schrieen, der sie von der Nilpferdpeitsche, den drohenden Blicken und zusammengebissenen Zähnen ihrer ägyptischen Antreiber befreien sollte. Gott eilte wieder einmal als Retter und Erlöser hinein in ihre Geschichte, und die große Reise – der Exodus – fing an. Es war weitaus mehr als eine Flucht. Aus den Ausgestoßenen und Flüchtlingen wurde das erwählte Volk, zum Aufbruch in ein verheißenes Land berufen. Anfangs steckte die Reise voller Abenteuer. Der Prinz von Ägypten, Mose, kehrte dem Luxus des Pharaonenpalasts den Rücken, um Gottes Volk zu führen. Ein übernatürliches Ereignis jagte das andere. Es war ein Wunder, als sich das Rote Meer auf Moses Befehl gehorsam teilte und anschließend auf die riesige Armee der Ägypter niederstürzte. Gott selbst war unterwegs ihr Navigationssystem. Während die Hebräer den Säulen aus Feuer und Rauch folgten, erkannten sie, dass Jahwe einzigartig ist, ein dynamischer Gott, immer mobil. Was für ein Gegensatz zu den heidnischen Religionen jener Zeit, die keine Hoffnung und keinen langfristigen Plan beinhalteten. Sie boten dunkle magische Rituale, mit denen die „Götter" überredet werden sollten, im jeweiligen Jahr eine gute Ernte wachsen zu lassen: Es ging um Manipulationen, um „Wenn-dann"-Deals. Die Hebräer aber waren berufen, dem Gott zu folgen, der unterwegs war, dem göttlichen Wanderer, der Tag für Tag an der Spitze seines Volkes einherzog. Die Bundeslade wurde als lebendige Erinnerung an den Gott, der inmitten seines Volkes war, in einem Zelt aufbewahrt. Gegen Ende der Richter-Zeit wurde die Lade in einem festen Bauwerk untergebracht, doch es blieb die Ahnung, dass die angemessene Unterbringung für den Thron Jahwes eigentlich ein Zelt war, der Inbegriff von Mobilität, Reisen mit leichtem Gepäck.

Doch die Geschichte jener frühen Wanderer nahm kein glückliches Ende. Während sie zweifelten, murrten und rebellierten, gerieten sie immer mehr vom Kurs ab. Gott war immer noch bei ihnen, doch durften sie nicht in das Land der Verheißung, das er ihnen bereitet hatte. Der Gott, der unterwegs ist, ließ zu, dass sie ihre Tage mit Rundwanderungen zubrachten. Sie bewegten sich zwar, aber nicht auf ein Ziel hin: eine 40-jährige Irrfahrt im Kreis. Sogar Mose sollte sterben und das verheißene Land nur fern am Horizont sehen. Der Ausflug blieb im Sand stecken.

Was also ist mit uns, Jahrtausende später? Viele von uns haben einen „Exodus“ erlebt, einen Auszug aus unserem persönlichen Ägypten: Wir haben das gottlose, hoffnungslose Leben hinter uns gelassen. Manche von uns haben den Ruf des umherziehenden Jesus gehört, der immer noch sagt: „Komm, folge mir nach.“ Andere, die zu lange am Straßenrand versackt waren, die sich nur noch um die eigene Achse drehten, werden sich noch einmal anrühren lassen und seine Hand ergreifen, dieses Mal mit festerem Griff. Vielleicht kommt der große Abenteurer und lädt uns ein, das schwere Gepäck loszuwerden, das uns niederdrückt. Oder er befreit unsere Füße von der Sünde, in der man sich so leicht verstrickt, die uns zu Fall bringt, wenn wir uns auf den Weg machen wollen.

Wie wird es sein: Vorwärts, aufwärts ins verheißene Land – oder immer nur im Hamsterrad? Fortschritt oder Kreisverkehr? Der Gott, der unterwegs ist, lädt uns freundlich zur Entscheidung ein.

Hupe, wenn du Christ bist

Es ist ein heißer Sommertag, alles klebt, und ich sitze irgendwo auf der Autobahn fest. Der Verkehr tröpfelt wie immer im Schritttempo. Gelangweilt schaue ich mir meine Leidensgenossen an. Einige Fahrer sitzen verspannt hinter dem Steuer und klopfen darauf herum, andere untersuchen eingehend mit dem Finger ihre Nasenlöcher oder singen laut mit, was das Radio ausplärrt. Wie üblich eben. Aber heute ist irgendetwas anders. Mir fällt plötzlich auf, dass auf vielen

Autos hinten ein Fisch klebt, und ich erinnere mich an einen blöden Witz:

Frage: Woher weiß man, ob ein Fisch Christ ist?

Antwort: Weil an seinem Rücken ein Auto klebt.

Ich lache nicht. Das geht nicht, wenn man auf der Autobahn im Stau steht.

Da! Noch ein „christliches" Auto – zu erkennen an der großen Auswahl von verblassenden Stickern am Rückfenster: „Unterwegs zu Spring Harvest" (ein großes, jährlich stattfindendes christliches Festival in England, Anm. d. Ü.), „Wir kommen gerade von Spring Harvest" „Nur noch ein Jahr bis zum nächsten Spring Harvest", und als nützlicher Hinweis: „Wenn die Entrückung kommt, hat dieses Auto keinen Fahrer mehr."

Ich bin erleichtert. Das Auto hat noch einen Fahrer, also hat man mich nicht zurückgelassen, und ich stelle fest, dass ich in einem christlichen Stau stecke. Oder nehmen die Leute etwa an einer Gebetsfahrt rund um die Hauptstadt teil: „Zähfließender Verkehr für Jesus" oder so was? Ein Fenster wird geöffnet, und ein leiser Hauch von Graham Kendricks neuester CD weht zu mir rüber: *„Now That's What I Call Make Way"* (Anspielung auf: „Bereitet dem Herrn den Weg").

Dann fällt der Groschen. Es ist Sommer und damit Saison für Tausende von Christen, sich neue Sandalen anzulegen und zu einer der vielen christlichen Großveranstaltungen aufzubrechen, die überall im Land abgehalten werden. Sie bieten für jeden Geschmack etwas. Man lädt die Zelte in den Kombi, und wenn man Charismatiker ist, dann spannt man für die Anbetungsfahnen noch einen Anhänger an. Wir rollen los, fahren meilenweit und hoffen auf sonnige Tage und tiefe Begegnungen mit Gott.

Die Pilger zu christlichen Veranstaltungen sind meist ein geduldiges Völkchen. Es ist nicht leicht, 10 Stunden fahren zu müssen und wegen des Fischaufklebers nicht laut fluchen oder unanständige Handzeichen geben zu dürfen. Bei der

Ankunft am Campingplatz/Freizeitheim/Seminarzentrum fehlt, wie man so hört, gern mal das eine oder andere Detail – zum Beispiel das Waschbecken oder die Eingangstür.

Dann wäre da noch das Wetter. Vor ein paar Jahren wurde eine christliche Großveranstaltung von einem ungeheuren Sturm heimgesucht. Ein oder zwei Camper, die gerade zum großen Zelt wollten, fanden sich plötzlich auf einem Baum wieder und fragten sich zweifellos, ob sie der Herr durch ein Wunder dorthin transportiert hatte. Natürlich sind auch die Toiletten stets ein Thema. Besonders das legendäre Greenbelt-Festival war für seine sanitären Anlagen berühmt. Wenn jemand in diese Grube hineinfiel, war er im Grunde auf einen Gnadenschuss angewiesen.

Natürlich braucht man bei all diesen Veranstaltungen Lehrpersonal und Prediger für die Inspiration, was für diese armen Menschen auf harte Arbeit hinausläuft, besonders dann, wenn das Programm im Wochentakt wiederholt wird. Das eine Jahr war ich vier Wochen lang als Redner bei Spring Harvest engagiert. Jeden Tag stand ich auf der Bühne, lieferte meinen Vortrag ab und machte stundenlange Lobpreiszeiten mit. Noch monatelang danach wachte ich manchmal mitten in der Nacht davon auf, dass ich aus vollem Halse schrie: „Jesus, dein Licht" ...

Was also ist der Sinn der Sache? Die Kritiker der Veranstaltungskultur machen uns weis, man sollte doch besser zu Hause bleiben und am eigenen Ort seinen Glauben leben, statt die Zeit mit „christlichen" Veranstaltungen zu verschwenden. Aus so einer Nörgelei spricht der Geiz. In Wirklichkeit ist es großartig, einmal aufzubrechen, neue Lieder zu singen, sich neu inspirieren zu lassen und gemeinsam mit Freunden ein paar Hähnchen auf dem Grill einzuäschern. Gott selbst macht anscheinend Überstunden, wenn sich die Leute extra Zeit für ihn nehmen.

Als ich gerade frisch bekehrt war, machte ich bei einer Jugendfreizeit auf der Isle of Wight mit. Das hat mich völlig umgekrempelt. Klar, natürlich waren meine Reaktionen auf die abendlichen Predigten etwas übereifrig. Ich ging hinterher jedes Mal nach vorn; wenn man einen extra Aufruf nur für analphabetische einbeinige Korbflechter gemacht hätte, wäre ich trotzdem nach vorn gekommen, weil ich alles haben wollte, was Gott mir zu bieten hatte. Doch diese Sommerfreizeit spielte in meiner Erfahrung als Christ eine prägende Rolle. Deshalb bin ich überzeugt, dass solche Zeiten sehr wertvoll sind – weil auch Gott daran teilnimmt.

Wieder auf der Autobahn. Gerade habe ich auf einen anderen christlichen Sticker reagiert, der mich zum Hupen auffordert, wenn ich Christ bin. Gehorsam habe ich gehupt, aber aus der spontanen Geste des Fahrers schließe ich, dass er selbst überhaupt kein Christ ist. Ganz sicher nicht ...

Wie man Zynismus überlebt

Dem Prediger traten jetzt echte Schweißperlen auf die Stirn. Mit blitzenden Augen lief er eilig die lange Reihe der wartenden und betenden Menschen entlang, deren Hände sich ihm entgegenstreckten. Ihre Augen waren fest geschlossen. Sie konzentrierten sich auf eine andere Welt. Aus dem Abstand von drei Stuhlreihen schaute ich nachdenklich zu. Die Szene kam mir allzu bekannt vor.

Im Lauf der letzten und hitzigen Jahre der geistlichen Erneuerung war ich in Hunderten von Gottesdiensten gewesen, durch die der Heilige Geist wehte und uns mit dem überwältigenden Gefühl seiner Gegenwart buchstäblich von den Füßen fegte. Ich selbst war dabei oft auf den „Boden der Tatsachen" gekommen. Das Gedränge auf dem Läufer hier störte mich daher nicht. Woher also kam dieses beständig nagende Fragezeichen in meinem Kopf? Meine Nervosität hatte schon vorher bei der Predigt eingesetzt. Anscheinend war der Redner gerade von „phänomenalen" und „außergewöhnlichen" Veranstaltungen in Indien zurückgekehrt, bei denen – Zitat – „Hunderttausende von blinden Augen geöffnet worden waren und sich Hunderttausende von tauben Ohren aufgetan hatten". Schnell unterdrückte ich den respektlosen Gedanken, dass eine solche Lawine von Wundern den relativ unbekannten Redner gewiss auf das Titelblatt des *Time Magazine* gebracht hätte. Und wieso war nur von einzelnen Organen die Rede und nicht von den dazugehörigen Menschen?

Als er nun ans Werk ging, kehrte meine Nervosität zurück. Ich hatte nichts gegen die theatralisch-leidenschaftlichen Rufe „Im Namen Jeeesu!", während er durch die Reihen eilte, auch nichts gegen die Comic-artige Haltung der Fänger, die zu ermitteln versuchten, in welche Richtung die Geistereilten wohl fallen würden; mit ausgestreckten Armen warteten sie auf den nächsten Zusammenbruch. Ich ging der Quelle meines Unbehagens näher auf den Grund: Dieser Prediger *schlug* die Leute! Er rammte ihnen die Handfläche gegen die Stirn und schob die Köpfe weit zurück, so dass ihnen wenig anderes übrig blieb, als umzufallen.

Meine Gefühle schwankten zwischen Ärger und schlechtem Gewissen. Ich war sauer und leicht deprimiert wegen des offensichtlichen Zirkustricks, bei dem das Umfallen der Leute so nötig ist, dass man ruhig kräftig schubsen darf. Ich hatte ein schlechtes Gewissen, bei einem Mann Gottes so etwas überhaupt zu denken – vielleicht war das eben sein Stil? Ich versuchte, mit geschlossenen Augen und zugehaltenen Ohren zu beten und hoffte, das alles würde bald vorbei sein.

Ich beschreibe diesen Augenblick so deutlich, weil er ein weit verbreitetes Dilemma demonstriert. Welche Haltung sollten wir gegenüber Manifestationen, Wundern, Berichten über Goldstaub und Zahnplomben einnehmen? Wenn Gott wirkt, ballt so mancher seine Faust und kämpft gegen etwas, das er nicht versteht, während andere ihre Arme in die Luft werfen und anscheinend bereit sind, alles anzunehmen, was ihnen erzählt wird. Die Zyniker im Lande häufen sich – und auch die Naiven.

Den Zynismus fürchten wir zu Recht: Es ist ein Krebsgeschwür, das die Hoffenden gern befällt. Das Herz des Zynikers ist kalt und unfähig, sich von dem Gott erwärmen zu lassen, der wirklich kommt und unter seinem Volk wirkt. Der Zynismus übernimmt den empfindsamsten Anbeter und macht aus ihm einen passiven Zuschauer mit abwehrend vor der Brust gekreuzten Armen, einen kühlen Analytiker mit Stoppuhr und Notizblock unter dem Arm und einem Gesichtsausdruck, der besagt: „Wage es ja nicht, mir zu nahe zu kommen".

Wer die Macht des Zynismus bezweifelt, möge an die Pharisäer denken, die einen verwesenden Lazarus beobachten – und riechen – konnten, als er aus seinem Grab taumelte, und anschließend davoneilten, um zu beraten, wie sie den Verantwortlichen für diese Auferstehung loswerden könnten. Sie haben mit eigenen Augen zugesehen, doch der Zynismus hatte ihre Herzen selbst beim Anblick eines offensichtlichen Wunders verblendet. Zynismus schmilzt nicht dahin, wenn sich die Flamme der Erweckung entzündet. Ganz im Gegenteil, er verhärtet sich noch in der Hitze.

Wenn Gott kommt, werden die Pharisäer noch pharisäischer und die Hoffenden noch hoffnungsvoller. Man braucht nur ins Evangelium zu schauen. Der Zyniker lächelt selbstgefällig und fühlt sich erfahrener als der naive und einfältige Rest, doch er befindet sich im Zugriff einer Krankheit, eines Wahns. Es gibt nur eine Kur gegen den Zynismus: Wir müssen Buße tun. Zynisch zu sein ist nur eine andere Bezeichnung für Unglauben.

Doch als anderes Extrem lauert uns eine einfach gestrickte, gedankenlose Naivität auf. Ohne jedes Hinterfragen identifizieren wir uns mit jedem prophetischen Wort und achten weder auf Inhalt noch Geist. Man bringt eine neue „Offenbarung“, und wir werfen alle Bedenken ab, denn wir wollen keinen kritischen Eindruck machen oder uns dem „Fluss des Geistes“ entziehen. Dieser stillschweigende Anpassungsdruck kann in einer Atmosphäre der Begeisterung sehr intensiv empfunden werden, zum Beispiel wenn die Gemeinde nach Erweckung strebt. Vergleichbar ist das dem Gefühl, von einer riesigen Menschenmenge im Fußballstadion mitgerissen zu werden: Die Schultern sind fest eingekeilt, die Füße verlieren den Bodenkontakt – man ist nur noch ein Schwimmer im Strom. Man bekommt schon ein schlechtes Gewissen beim bloßen Erwägen der Möglichkeit, dass hier irgendetwas nicht stimmen könnte. Wenn jeder mitmacht, kann das doch wohl kein Irrweg sein?

Es ist zwar ein extremes Beispiel: Aber damals in Jonestown waren tatsächlich alle Anhänger des Sektenführers David Koresh irregeleitet, als sie Orangensaft mit Zyankali tranken. Eine ähnliche Gruppendruck-Wirkung kann auch unsere Fragen und Bedenken zum Verstummen bringen. Wir wollen uns nicht mit jenen Kritikern in eine Reihe stellen, die jedes Mal, wenn Gott sich zeigt, negative Presse machen. Auf gar keinen Fall wollen wir an den Verräter Judas oder den Zweifler Thomas erinnern, was leicht passieren könnte, wenn wir unbequeme Fragen stellen. Also schweigen wir und machen uns im Stillen Sorgen.

Gibt es einen gangbaren Weg zwischen diesen beiden Extremen – eine sozusagen „gesunde“ Skepsis? Ich glaube schon. Es gibt einen biblischen Auftrag, diesen Mittelweg einzuschlagen. Wie Paulus an seine Freunde in Thessaloniki schrieb: „Prüft aber alles, und nehmt nur an, was gut ist“ (1 Thessalonicher 5, 21). Dieses Gebot folgt der Mahnung auf den Fersen, die Paulus zuvor ausspricht: „Unterdrückt nicht das Wirken des Heiligen Geistes. Verachtet nicht die Weisungen, die er euch gibt.“ Diese Prüfung wird also nicht als negative, skeptische Reaktion auf das Wirken Gottes betrachtet, sondern vielmehr als positive Pflicht für alle, die die Wärme der Flamme des Heiligen Geistes empfinden und durch die Propheten seine Stimme hören.

Wir schaffen eine Umgebung, in der diese Prüfung stattfinden kann, wenn wir den Menschen Mut machen, Fragen zu stellen, manchmal sogar unbequeme Fragen, um zu Klarheit und Echtheit zu finden. Wann immer Gott wirkt, kommen auch Fragezeichen auf. Der Pfingsttag brachte einen Kraftausbruch, viele Fragen und Missverständnisse mit sich. „Was bedeutet das?“, wurde in der Menge gefragt. Wir täten gut daran, uns auch für diese Frage Zeit zu nehmen. Manchmal glaube ich, dass wir Charismatiker uns vielleicht mit *Gefühlen* auskennen, aber zu wenig *denken*. Jesus aber hat seine wunderbaren kleinen Geschichten erzählt, um seine Zuhörer zum Fragen und Nachdenken anzuregen, damit es beim geistlichen Ringen und dem Schlagabtausch in einer Debatte zu neuen Entdeckungen kommt.

Fragen schützen uns vor gnostischer Bedeutungslosigkeit. Es hat so manches Mal gegeben, wo ich gern einen Propheten unterbrochen hätte, der sich in nebulösen Ankündigungen erging: „Du sagst, wir seien am Rande eines dritten Durchbruchs in himmlischen Orten, wenn wir das Kennzeichen des neuen Werkes begrüßen, das Gott für die Hungrigen und Durstigen tut. Aber was um Himmels Willen meinst du damit?“

Ich bin wirklich dankbar für die Chance, am Aufbau von Gottes Reich beteiligt zu sein, Menschen voller Leidenschaft und Hingabe um mich zu haben, die nach Gott suchen, aber trotzdem keine peinlichen Fragen scheuen, die uns auf der Suche nach dem Willen Gottes weiterhelfen.

Wir sollten bei solchen Fragen aber auch auf unsere Einstellung achten. Paul Reid sagt, dass die Arbeit der Kirchen von Menschen blockiert wird, die „zu allem eine Meinung haben und sich für nichts einsetzen“. Was sind unsere Motive und die Ausgangspunkte unserer Fragen? Haken wir nach, weil wir aus tiefstem Herzen die Schlechtigkeit einer Sache beweisen wollen - oder vielmehr das Gute daran? Vielleicht ist das mein Problem mit manchen aus den Kreisen derer, die so vehement gegen Toronto, Pensacola und alles andere geschrieben haben, was mit Erweckung zu tun hat. Anscheinend fängt man mit der Prämisse an, die Sache sei schlecht, und sammelt dann beweiskräftige Informationen für den eigenen Standpunkt, statt eine ausgewogene Analyse zu präsentieren. So eine Methode ist unfair und nicht angemessen.

Zynismus blüht außerdem auf, wenn unsere Erwartungen unrealistisch sind: Bei Idealisten ein weit verbreitetes Problem. Wir alle haben unausgesprochene Erwartungen, wie etwas sein sollte, und zwar zu Recht. Wir vergessen dabei aber, dass unsere Mitstreiter genau wie wir fehlbare menschliche Wesen sind. Wer länger als ein halbes Jahr eine Kirche besucht und niemals etwas oder jemanden bemerkt hat, das ihn stört, ist wahrscheinlich klinisch tot. Wir müssen unsere Hoffnungen an einem realistischen Verständnis für die Schwachheit des menschlichen Wesens ausrichten.

Es gibt nur eine Möglichkeit, auf dem schmalen Grat zwischen Unglauben und nutzloser Einfältigkeit das Gleichgewicht zu halten. Es geht um Gnade.

Und zu welchem Ergebnis bin ich bei jenem Evangelisten mit der nachhelfenden Hand gekommen? Gut, er mag gesalbt sein; aber ich würde gern ein paar medizinisch fundierte Berichte aus Indien zu lesen bekommen. Und er sollte aufhören, die Leute zu schubsen.

Anmerkung

Die Anekdoten in diesem Kapitel sind meinem Buch *Gideon: Power from Weakness*, Kingsway Publications 1999, mit freundlicher Genehmigung entnommen.

Denkzettel aus der Autowaschanlage

Mal ehrlich – fühlen Sie sich manchmal einfach so total *normal?* Nicht, dass ich Ihnen einen Minderwertigkeitskomplex andichten will, doch manchmal ist man sich sehr bewusst, dass man nur mit Wasser kocht und einfach ziemlich durchschnittlich ist.

Ich hatte so eine Normalitätskrise, als ich vor ein paar Jahren eine größere Leiterkonferenz besuchte. Schon die Bezeichnungen von solchen Konferenzen können recht einschüchternd sein. Meine nannte sich *Ökologische Apostel und Propheten vereint für das Universum* – oder so ähnlich. Ich begab mich in den Speisesaal und saß einer Frau gegenüber, die so unglaublich „vollmächtig im Namen des Herrn" aussah, als ob sie Bollwerke niederreißen könnte. „ICH BIN EINE WAFFE GOTTES!" stand gleichsam auf ihrer Stirn geschrieben – eine wahrhafte Reinhardina Bonnke. In bedeutsamem Schweigen verzehrte sie ihr Mahl.

Gleich fühlte ich mich wieder so ... mittelmäßig. Diese Frau kannte wahrscheinlich das 3. Buch Mose auswendig und trieb noch vor dem Frühstück Dämonen aus.

Ich beschloss, mich dennoch vorzustellen. „Äh, hallo, ich heiße Jeff ... Jeff Lucas." Ich rechnete halb damit, dass sie vom Teller aufsehen und mit himmlischem Glanz in den Augen sowie der Autorität einer Prophetin sagen würden: „Ja, weiß ich. Ich habe dich 1953 in einer Vision geschaut."

Doch sie sagte nichts Derartiges. Sie begrüßte mich nur mit einem freundlichen „Hallo" und stellte sich vor.

„Haben Sie eine gute Woche hinter sich?", fragte ich. Eigentlich nur, um überhaupt etwas zu sagen.

„Nein, die war eigentlich ganz schlimm."

Ich bemühte mich, einen mitleidigen Eindruck zu erwecken, doch innerlich war ich beflügelt. Gut! Frau Vollmacht hatte also einige Härten durchlebt. Damit erwies sie sich als menschlich, und es war nicht so, dass sämtliche Umstände sich sogleich ihrem geistgeführten Gebet beugten.

„Äh ... was ist denn passiert?“, fragte ich hoffnungsvoll.

Die Frau beschrieb dann, wie sie mit ihrer Familie zur Autowaschanlage gefahren war. Daraus entwickelte sich eine persönliche Krise größeren Ausmaßes. Anscheinend hatte die Frau Gottes die Plastikkarte eingesteckt, war in die Anlage gefahren (es handelte sich um eine, bei der man im Wagen sitzen blieb) und jenen freudigen Augenblick erleben dürfen, da die großen Bürsten sich gehorsam zu drehen anfangen und die Wasserstrahlen unablässig näher kommen. Dann wurde sie plötzlich unsicher und beschloss, nochmals zu überprüfen, ob die Wagenfenster auch wirklich zu waren. Sie griff also nach der Fensterkurbel. Die ging ab, und sie hielt sie entgeistert in der Hand. Dann rutschte die Scheibe zu ihrem völligen Entsetzen ganz nach unten und verschwand sang- und klanglos in der Tür. Dadurch entstand eine riesige gähnende Öffnung, die mit Sicherheit den Einlass von Tausenden Litern schmuddeligen, schaumigen Wassers begünstigen würde. Sie würden ertrinken! Die Frau sah sich auf der vergeblichen Suche nach irgendetwas im Auto um, womit die klaffende Öffnung verstopft werden könnte, damit das Fahrzeug nicht zu einer Kreuzung aus Noahs Arche und der Titanic wurde. Doch ihr fiel nur eines ein, was eine einigermaßen wasserdichte Versiegelung ergeben würde ... ihr eigenes Hinterteil.

Ich gab mir wirklich Mühe, nicht zu lachen, aber beim bloßen Gedanken an die nun folgende Szenerie war mir danach, mich auf den Boden zu werfen und mit den Beinen in der Luft zu strampeln. Ein Teil meiner Heiterkeit entstand aus dem befreienden Gefühl der Erkenntnis, dass hier eine Frau saß, die Gott wirklich liebte und seine Autorität in ihrem Leben wirken ließ. Gleichzeitig war sie ein Mensch, der wahrscheinlich genau wie ich ziemlich gut wusste, wie man idiotische Dinge anstellt, wie schwachsinnig man manchmal reagieren kann und wie sich eine totale Niederlage anfühlt. Sie war normal. Ich bin normal. Und auch Sie sind normal.

Doch der alles andere als normale Gott, dem wir dienen, hat anscheinend Freude daran, Tongefäße wie uns (der Schatz Gottes steckt in „irdenen Gefäßen") zu nehmen und uns für den Aufbau seines Reichs zu verwenden. Dazu gehört auch ein „mächtiger Krieger", der sich ängstlich in einer Weinpresse versteckte (Gideon), ein stotternder Prophet (Jeremia), ein König mit einer Schwäche für schöne Frauen (David) und eine ganze Armee anderer Hoffnungsloser (menschlich ausgedrückt), die sich als hocheffektive Werkzeuge in den Händen unseres ungewöhnlichen Gottes erwiesen.

Sie fühlen sich immer noch normal? Herzlich willkommen im Abenteuer Leben!

Anmerkung

Die Anekdoten in diesem Kapitel sind meinem Buch *Gideon: Power from Weakness*, Kingsway Publications 1999, mit freundlicher Genehmigung entnommen.

„Entschuldigung, dein Hintern brennt"

Der BMW war groß, blau und von makelloser Schönheit. Ich bewunderte ihn sehnsüchtig, wobei ich mir Worte wie „Haben!" aus dem Kopf zu schlagen versuchte. Er gehörte Chris und Jeanne, zwei guten Freunden.

Sonst bin ich eigentlich kein Autofan. Ich mache mich über Werbespots lustig, in denen sinnliche Damen auf glänzenden Motorhauben und Sprüche wie „Dieses Auto ist purer Sex“ dargeboten werden. Vielleicht stimmt etwas nicht mit meinen Hormonen, aber ich bekenne, dass ich von ein paar Tonnen Metall noch nie erotisch stimuliert worden bin.

Dieser BMW aber war ein wunderschönes Ding. Die Formen waren perfekt. Das Chrom blitzte. Die Lackierung wirkte wie ein glatter, gleißender Ozean in sattem blauen Glanz. Ich machte es mir auf dem Rücksitz bequem und genoss den luxuriösen Duft der Ledersitze. Nach dem Start war ein leises Schnurren vernehmbar; holprige Strecken und Schlaglöcher wurden von der hervorragenden Federung perfekt ausgeglichen.

Doch plötzlich lief alles schief. Chris, der Fahrer, stellte fest, dass die normalerweise sehr aufmerksamen Kontrollleuchten total falsche Signale anzeigten. Der Bordcomputer redete aufgeregt auf Deutsch mit uns. Ich erschnupperte einen angebrannten Geruch und hielt es für angebracht, darauf aufmerksam zu machen.

„Es riecht irgendwie nach Öl“, bemerkte ich so beiläufig wie möglich.

Jeanne drehte sich zu mir um und bestätigte meinen Eindruck mit den erschreckenden Worten: „Das ist kein Öl, Jeff – es brennt unter dir.“

Es stellte sich heraus, dass zuvor am gleichen Tag eine neue Batterie ins Auto eingebaut worden war, die unüblicherweise unter dem Rücksitz steckte – direkt unter meinem Platz. Leider hatte die Werkstatt das falsche Modell installiert, weswegen die Anschlüsse ein paar Zentimeter höher ragten, als sie sollten. Als ich daher meinen evangelikalen Hintern auf das Leder platzierte, senkte sich der Sitz entsprechend der Naturgesetze etwas ab, und der Metallrahmen schloss die herausragenden Pole kurz. Jetzt brannte die Batterie, und die elektronischen Systeme des Autos schmolzen flugs und endgültig dahin. Wir fuhren das Auto an den Straßenrand, sprangen blitzschnell hinaus, riefen die Feuerwehr an und mussten zusehen, wie das wunderschöne Fahrzeug in Flammen aufging. Sekunden danach konnte man es abschreiben.

Chris war versichert und sagte (sehr huldvoll), dass er das Auto sowieso eigentlich nicht besonders leiden konnte. Was mich überwältigte, war meine mangelhafte Selbstwahrnehmung. Ich war bereits von Rauchwolken umhüllt, ein Miniaturinferno sorgte buchstäblich für Feuer unter meinem Hintern – und doch hatte ich gar nichts gemerkt.

Stellen Sie sich die Szene mal als Schnappschuss vor und betrachten Sie sie als Gleichnis. Wie oft sind wir selbst schuld, wenn wir angesichts aller möglichen eigenen Unzulänglichkeiten, Charaktermängel und manchmal unverblümten Sünden von seliger Ahnungslosigkeit befallen sind? Unsere Freunde staunen über unsere Kurzsichtigkeit und sind verblüfft, dass wir blind für das sind, was jedem anderen sofort auffällt. Hoffentlich ist es uns gegeben, dankbar und freundlich zu reagieren, wenn – bildlich gesprochen – ein Freund uns leise zuflüstert: „Entschuldigung, aber merkst du eigentlich nicht, dass dein Hintern brennt?“

Die einstudierte Rolle

Es war ein kühler Morgen in Irland. Meine Augen klappten auf, und ich nahm die Zimmerdecke ins Visier. Wo war ich, und was hatte ich hier in diesem Ferienhaus zu suchen? Ach ja. Ich sollte auf einer Konferenz – „Gemeinsam für das Reich Gottes“ – einen Vortrag halten. Ein paar tausend Christen von beiden Seiten der Grenze hatten das Ferienzentrum eine Woche lang gebucht, um Vorträgen zu lauschen und gemeinsam Gottesdienst zu feiern. Das Zentrum an sich war vermutlich früher mal besser in Schuss gewesen, aber die spürbare Gegenwart Gottes machte die bröckelnde Farbe mehr als wett.

Kay schlief noch, und Kelly und Richard waren anscheinend auch noch im Reich der Träume. Zeit für eine Dusche. Das Badezimmer war am anderen Ende des Ferienhauses. Ich musste mir also den Weg aus unserem Schlafzimmer durch das Wohnzimmer mit der Küchenecke bahnen, den Flur entlanggehen und die erste Tür links in besagtes Badezimmer nehmen. Nichts leichter als das!

Ich hatte nichts an, fand aber, dass ich den Sprint ins Badezimmer ohne Risiko schaffen konnte, denn immerhin lagen alle anderen aus dem Lucas-Clan in tiefem Schlaf. Ich erhob mich leise aus dem Bett, öffnete die Schlafzimmertür und tappte mit Gänsehaut los. Die Hälfte des Wegs durch das Wohnzimmer war zurückgelegt, als ich plötzlich das Geräusch hinter mir hörte. Ich erstarrte. Es war das Geräusch einer sich öffnenden Tür – der Eingangstür zum Ferienhaus. Sofort hatte ich eine doppelte Offenbarung. Erstens stellte ich fest, dass ich es versäumt hatte, vor dem Schlafengehen die Tür zu verschließen, und zweitens schloss ich aus dem Geklapper draußen, dass die Reinigungskolonne ihre Runde machte. Jetzt stand ich vor einem moralischen Problem: In zwei Sekunden musste es zur Begegnung eines Nackten mit einer besenführenden Dame kommen. Sollte ich meinen Körper gegen die Tür werfen und die zuvor erwähnte Dame vom Betreten des Hauses und dem wenig erfreulichen Anblick meiner Nacktheit abhalten oder sollte ich einen dreifachen Salto rückwärts in die gut ausgestattete Küchenecke machen und ein Utensil finden, mit dem ich Anstand und Würde wahren konnte?

Ich hätte über beides nicht nachdenken müssen, denn es blieb keine Zeit mehr: Diese Putzfrau hatte einen Turboantrieb. Als ich mich umdrehte, um zur inzwischen offenen Tür zu blicken (ein Fehler!), steckte sie den Kopf ins Zimmer, lächelte freundlich und schaute mir in die Augen – wofür ich besonders dankbar war.

Ich war wie gebannt. Da standen wir, sie und ich, scheinbar 10 Jahre lang, doch es waren in Wirklichkeit natürlich nur Sekunden. Was würde sie wohl sagen? Würde sie sich entschuldigen, aufkreischen oder vor einem fluchtartigen Rückzug lachen? Eine erfahrene Reinigungskraft wie sie hatte so eine Situation doch gewiss schon erlebt.

Sie reagierte, als gebe es überhaupt nichts Unziemliches. Ihre Worte überraschten mich, gelinde gesagt: „Guten Morgen. Möchten Sie, dass ich Ihre Bettwäsche wechsle?"

Ich war verblüfft. Entweder war diese Frau ein Profi in höchster Vollendung, oder sie sagte nichts anderes als das, was sie an jedem Arbeitstag ihres Lebens morgens ein Dutzend Mal abspulte. Die Worte waren die gleichen wie immer, genau wie die Tätigkeit. Ich fand meine Zunge wieder, dankte ihr für das Angebot und teilte ihr mit, meiner Meinung nach sei unsere Bettwäsche in Ordnung und brauche erst morgen gewechselt zu werden, vielen Dank auch.

„Alles klar, danke", lächelte sie und ging zum nächsten Ferienhaus. Ich hörte sie an der Tür klopfen, sie öffnen und dann rufen: „Möchten Sie, dass ich Ihre Bettwäsche ..." Dieselbe Leier.

Ein anderer Klassiker mit einstudierten Rollen ließ sich an Bord eines Flugzeugs Richtung Chicago beobachten. Es geschah nach einem sehr langen Flug von England, und ich hatte neben jemandem gesessen, dessen Kind ganz gut zu meiner Vorstellung von „Teufelsbraten" passte. Links von mir saß ein guter Freund, der mich auf der Reise begleitete. Es war 20 Minuten vor der Landung am O'Hare International Airport, als der Pilot mit einer speziellen Ankündigung herausrückte.

„Hier spricht Ihr Pilot. Wir haben ein kleines Problem. Wir verlieren etwas Hydrauliköl. Wer von Ihnen rechts am Fenster sitzt, möchte sich vielleicht davon überzeugen, wie das Öl aus dem Flügel austritt." (Ich saß auf der rechten Seite. Ich schaute nach der Flüssigkeit. Sie trat nicht aus, sie spritzte heraus!) Der Pilot fuhr fort: „Dieses kleine Problem kann dreierlei bedeuten. Erstens können wir die Landeklappen nicht bewegen.“ *Na wunderbar,* dachte ich. *Dieses klitzekleine Problem bedeutet also, dass wir das Flugzeug eigentlich nicht zu Boden kriegen können.*

„Zweitens können wir das Fahrwerk nicht ausfahren.“ *(Super. Wenn wir das Flugzeug schließlich doch in Richtung Landebahn bewegen können, dann ist eine Landung sowieso nicht drin.)*

„Drittens schaffen wir es nicht zu bremsen.“ *(Hurra. Kommen wir wirklich runter und schaffen es tatsächlich zu landen, dann gibt es kein Halten. Preist den Herrn!)*

In diesem Augenblick war mir nach Beten zumute, doch ich muss zugeben, dass mein Gebet etwas piepsig klang: eine Art Wiener Knabenchor der Fürbitte. Mein Freund war weder so tapfer noch so geistlich wie ich und versuchte, ins obere Gepäckfach zu klettern, während er „Mama“ schrie.

Der Pilot entschloss sich, uns zu beruhigen. Sein erster Beruhigungsversuch war nicht so furchtbar erfolgreich: „Machen Sie sich bitte keine Sorgen, der ganze Flughafen wurde extra für uns freigehalten, und Feuerwehr und Krankenwagen stehen bereit.“ *(Wie tröstlich. Es erklangen weitere halblaute Schreie nach mütterlicher Hilfe von oben).*

Der zweite Versuch des Piloten, die angespannten Nerven seiner Passagiere zu beruhigen, wurde mit größerer Begeisterung entgegengenommen: „Wir haben es geschafft, die Landeklappen zu öffnen, und wir werden noch einmal versuchen, das Fahrwerk manuell auszufahren, indem wir eine kleine Luke im Gang öffnen. Wir haben immer noch keine Bremskraft, aber wir können die Triebwerke auf Umkehrschub schalten und ziemlich sicher landen. Entspannen Sie sich bitte, es geht alles gut aus.“

Eine spürbare Welle gedämpfter Erleichterung ging durch die Kabine, und aus dem oberen Gepäckfach hörte man die Rufe: „Danke, Gott, ich hab’ dich lieb, Mama!“ Doch eine gewisse Spannung hielt an. Als das landende Flugzeug sich der Rollbahn näherte, konnten wir unten die roten Blinklichter der Feuerwehr sehen – sie wollten dem Zufall keine Chance lassen. Mit kreischenden Triebwerken schossen wir die Landebahn entlang, die eifrige Feuerwehr auf den Fersen, und schließlich, scheinbar nach einer Ewigkeit, kamen wir ganz am Ende der asphaltierten Piste zum Stehen. Ein Schlepper zog uns zum Flugsteig.

Die Erleichterung erfasste alle. Männer, die sich noch vor fünf Minuten wie kreischende Schimpansen benommen hatten, taten jetzt so, als sei die ganze Sache ein überaus wunderbares Abenteuer gewesen. Sie klatschten einander ab und lachten ein bisschen zu laut. Die Frauen waren etwas ehrlicher. Sie umarmten sich, brachen in Tränen aus und halfen einander mit Kosmetikartikeln aus. Es war ein herzerwärmender Anblick. Und als mein Freund sich von seinem Gepäckfach verabschiedete und zu mir nach unten kletterte, fielen mir drei Nonnen hinten im Flugzeug auf, die „Näher, mein Gott, zu dir“ sangen.

Plötzlich meldete sich wieder knisternd der Bordlautsprecher. Es war unser unerschrockener Pilot mit einer weiteren Ansage. Während er sich räusperte, fragte ich mich, mit welchen angemessenen Worten er wohl diesen Augenblick würdigen wollte. Hier saßen wir, verschwitzt, traumatisiert, dankbar, am Leben zu sein: Eine Episode, die sicherlich niemand von uns je vergessen könnte. Was würde der Pilot wohl sagen, um das, was wir jetzt fühlten, in Worte zu fassen? Würde er Gott danken oder mit dem Dichter Milton sprechen, den Staatsmann Churchill oder einen eher unbekannten griechischen Philosophen zitieren? Nichts von alledem.

„Meine Damen und Herren, hier spricht Ihr Pilot. Ich möchte gern der Erste sein, der Sie im Namen unserer Fluglinie in Chicago begrüßt. Danke, dass Sie mit uns geflogen sind. Ich wünsche Ihnen einen schönen Tag. Auf Wiedersehen!“

Das war alles! Keine Entschuldigung, keine malerischen Worte für den Augenblick unserer Erlösung. Nur die ganz normalen einstudierten Phrasen, die er jedes Mal nach einer Landung aufsagte. Einen Moment lang hatte er unter Druck gestanden, dann aber fügte sich alles wieder in die gewohnte Routine ein.

Wir alle haben viel Übung beim Aufsagen einstudierter Rollen. Wenn man es sich recht überlegt, gehören diese Rollen zu unserem Leben. In der Fernsehwerbung wird uns die Kunst des Lebens verführerisch dargestellt: Wir brauchen unbedingt diese Produkte, wenn wir überleben wollen. Wir geraten in gesellschaftlichen Druck, bestimmte modische Kleidungsstücke zu tragen, weil man das von uns erwartet. Gedankenlos schreiten wir durch das Leben und spielen eine Rolle, die jemand anders verfasst hat, wir marschieren zu einem Rhythmus, der von einem unbekannten Trommler geschlagen wird.

Wir leben in einem Zeitalter der Überflutung durch Informationen – und des Mangels an Nachdenklichkeit. Und wir Christen sind durchaus nicht von diesen sinnlosen Rollenspielen ausgenommen. Manche Christen würden lieber sterben als nachzudenken. Gerald Coates drückt es so aus: „Manche Christen sind so engstirnig, dass sich ihre Ohren berühren."

Möge Gott uns helfen, das Gehirn zu betätigen, das er uns geschenkt hat, und aus dem dumpfen, sklavischen Gehorsam gegen das Wortgeklingel unserer Gesellschaft auszubrechen. Gott, hilf uns nachzudenken.

Die Realität

Glücklichsein ist Pflicht

Alles fing mit einer unschuldigen Frage an. Ich fragte den kleinen Mann: „Hallo, wie geht's?"

Das war ein Fehler!

Einen Augenblick zuvor hatte er den Inhalt eines meiner Bücher überprüft, die fein säuberlich auf einem Tisch im Foyer der Kirche ausgelegt waren. Seine dunklen Adleraugen flitzten beim Durchblättern auf der Suche nach möglichen Irrlehren über die Seiten.

Er ließ das Buch wie ein rot glühendes Kohlenstück auf den Tisch fallen und schnauzte mich an: „Mir? Hör mal, Bruder. Ich lobe meinen Gott. Und wie steht's mit dir?" In seiner Stimme lag keine Wärme oder Freundlichkeit, vielmehr gellte hier etwas Forderndes, Inquisitorisches.

Aus Sorge, eine zu wenig fröhliche Reaktion könne ihn veranlassen, mir in mittelalterlicher Tradition sofort die Fingernägel auszureißen und mich in einen großen Kessel mit flüssigem Blei zu stecken, bestätigte ich, dass, äh, auch ich in der Tat den Herrn des Öfteren lobe. Dann zog ich mich hastig auf die Toilette zurück.

Drinnen wusch sich ein freundlich wirkender Mann die Hände, was bei den Evangelikalen äußerst angebracht ist, denn zu deren Hauptbeschäftigungen gehört brüderliches

Händeschütteln. Erleichtert, dass ich dem Büchertisch und dem offiziellen Abgesandten der Inquisition entkommen konnte, entfuhr mir wieder ein: „Hallo! Wie geht's?"

Wieder ein Fehler!

Er lächelte und zerrte an dem automatischen Handtuch, das natürlich automatisch blockierte. „Ach, mir geht's gut, Bruder." Und dann kam der Nachtrag, begleitet von einem schmerzlichen Blick: „Uns *muss* es ja gut gehen, nicht wahr?" Damit ging er.

Mir schwirrte der Kopf. Erst musste ich Conan, dem barbarischen Anbeter begegnen, und dann ließ dieser nette Mann mit den feuchten Händen keinen Zweifel daran, dass es dem christlichen *Homo sapiens* grundsätzlich gut zu gehen habe, dass er sozusagen *automatisch* glücklich, begeistert und ekstatisch zu sein habe. Ich kehrte leicht erschüttert in den Saal zurück, in dem der Gottesdienst jetzt anfing.

Ein Landwirt legte Zeugnis ab: „Ja, letzte Woche trat mir ein Schaf an den Kopf. *Preist den Herrn!*", begeisterte er sich, als sei der Angriff eines wolligen Skinheads seit langem schon sein Herzenswunsch gewesen.

„Amen!", schallte es aus der Versammlung, ganz so, als hätten auch sie nichts lieber als paarhufige Tritte an den Kopf.

„Ich musste mir mit sieben Stichen das linke Auge nähen lassen. Halleluja!", fuhr der Landwirt fort, was die Zuhörer wiederum entzückte. Anscheinend lechzten sie danach, auf den Beistand eines Blindenhunds angewiesen zu sein.

Ich dachte eigentlich, diese Art Christentum („Soeben wurden mir die Beine abgenommen, ach, ich bin so glücklich!") sei schon vor Jahrzehnten ausgestorben.

Klar, das Leben, sogar das Leben von Christen, ist kein Spaziergang von einem Entzücken zum nächsten. Es wird auch mal langweilig oder unschön. Das heißt aber doch nicht, dass wir uns über jedes Unglück *freuen* müssen, Himmel noch mal! Ein Grinsen mit zusammengebissenen Zähnen wirkt nicht mehr, wenn das Unglück zuschlägt. Jesus hat in Gethsemane weder ein falsches Lächeln aufgesetzt noch ekstatisch das Tamburin geschwungen. Er kämpfte mit sich, weinte, litt und suchte nach Auswegen – und trotzdem ergab er sich treu in den Willen seines Vaters. Er machte keinen Hehl aus seinem Leid und bat seine schläfrigen Freunde, ihm beizustehen.

So sollten wir es auch halten. Und uns vor fiesen Schafen in Acht nehmen!

Ruhm

Die beiden Frauen sind sehr, sehr umfangreich, und ihre Wut passt zu ihrem Umfang. Aus den Augen blitzt der blanke Hass, von den Lippen kommen derbe Flüche: grelle, gezackte Geschosse verbaler Bosheit. Sie müssen jetzt von noch größeren, stämmigeren Gegnern gebändigt werden, weil sie um sich treten, schreien, kratzen und beißen wollen. Sie haben sich vorgenommen, einander zu vernichten, hier in der bluttriefenden Arena, die sich „Jerry Springer-Show" nennt. Am Ende dieser Talkshow-Runde gönnt sich Jerry Springer, der große Ringmeister dieses voyeuristischen Zirkus, ein paar Minuten für eine kleine Ansprache, in der die Leute ermahnt werden, nett miteinander umzugehen. Seine zuckersüße Botschaft am Ende jeder Show, in der Beziehungen nachhaltig zerstört werden, ist ein Augenblick zum Erbrechen. Man könnte ebenso gut einen Gladiatorenkampf mit dem „Wort zum Sonntag" beschließen. Beziehungen sind für immer in tausend Stücke zerschlagen, Ehen dem Untergang geweiht. Und die unglücklichen Gäste tun all das für einen winzigen Augenblick im Fernsehen.

Vielleicht hatte Andy Warhol Recht – wir alle hungern nach einer Viertelstunde Ruhm. Dafür lebte und starb die vom Schicksal geschlagene Prinzessin Diana, verfolgt von der Meute, die sie ansonsten auch gern hofierte. Unsere Illustrierten versorgen uns mit allen Einzelheiten über das Leben der Promis, und sie können den Filmstars locker Millionen zahlen, um auf ihren Hochzeiten Fotos machen zu dürfen. So groß ist unser unlogisches Bedürfnis, bei den Berühmten Einblick zu nehmen.

Und jetzt sind wir in der Ära der Doku-Soaps gelandet: Zur besten Sendezeit wird der Alltag übertragen. Wir wollen anscheinend unbedingt wissen, was genau am Flughafen hinter dem Check-in-Schalter passiert. Wir lassen uns von der täglichen Arbeit eines Fensterputzers fesseln. Wir leben in einer Gesellschaft, die aus allem möglichst viel rausholen muss!

Ruhm kann auch für Christen in Führungspositionen wichtig werden, vielleicht noch mehr als für andere. Natürlich wissen die Ikonen unserer Gesellschaft, dass unser Interesse an ihrer Kleidung, an ihren Schlafzimmern und ihren Essgewohnheiten rein oberflächlich ist: nichts als Unterhaltung, Ablenkung von unserer Langeweile. Doch als Christ bekommt man Applaus für eine geistliche Haltung: Man gilt als eine Art Vorbild, das über Themen des Lebens und Glaubens reden darf; man kann echten Einfluss auf die Menschen ausüben. Da schleicht sich der Wunsch nach Ruhm ein und wartet auf die Gelegenheit, uns in die Ferse zu beißen, während wir über Demut reden. Wir haben für diesen Ruhm sogar geistlich besetzte Begriffe geprägt: „geistliches Profil", „großer Wirkungskreis". Die christliche Welt ist relativ klein, und die bekannteren Persönlichkeiten sind sozusagen die größeren Goldfische im Teich.

Dabei kann Ruhm als Versuchung wirken. Vielleicht hat Jesus uns deswegen gelehrt, Spenden nicht in der Öffentlichkeit zu geben und im stillen Kämmerlein zu beten. Die

Pharisäer ließen buchstäblich vor sich her posaunen, um anzukündigen, dass sie ein paar Münzen in den Opferkasten werfen wollten. Der Drang nach Bekanntheit und Anerkennung, vor allem auf Grund der eigenen Frömmigkeit, ist also keine neuzeitliche Versuchung.

Zum Thema Ruhm war ich schon ein paar Mal mit Gott im Gespräch, jeweils bei Spring Harvest, das jährlich etwa 70000 Gläubige zusammenbringt. Einige Jahre lang wurde mir das besondere Recht zuteil, hier beim Jugendprogramm zu sprechen. Damals war ich genau wie heute überzeugt, dass die besten Redner bei Spring Harvest vor den Jugendlichen auftreten. Es ist eine Sache, bei Veranstaltungen für Erwachsene 5000 Leute rednerisch in den Bann zu schlagen. Die passen brav auf, auch wenn es mal Längen gibt, weil sie hören wollen, was man zu sagen hat. Es ist etwas ganz anderes, 1000 Teenager bei der Stange zu halten, von denen viele sowieso sauer auf ihre Eltern sind, die sie auf dieses blöde christliche Pfadfindertreffen mitgeschleppt haben.

Ich bin so dankbar für die Zeit, in der ich als Jugendreferent tätig war, und meine Rednertätigkeit vor Erwachsenen habe ich nie als „höhere Stufe" auf der evangelikalen Leiter empfunden. Mit manchen Punkten habe ich allerdings Schwierigkeiten gehabt. Zum einen wurde ich älter, und es war dringend erforderlich, dass jüngere Jugendleiter nachkamen. Ich hatte aber auch den Eindruck, dass Gott mir einiges zu sagen aufgetragen habe, das nach einem älteren (und größeren) Zuhörerkreis verlangte. Ich weiß noch, wie ich ziemlich frustriert war, auf ein jugendliches Publikum festgenagelt zu sein. Bei einem Spaziergang an der Küste von Skegness klagte ich Gott mein „Leid". Kein helles Licht erstrahlte über den trüben Wellen, und kein Engel gesellte sich an meine Seite, als ich über den Kiesstrand schlurfte. Doch mir war, als melde sich eine Stimme in mir – eine, die ich zu erkennen gelernt hatte – mit einer sehr nachhaltigen Frage:

„Möchtest du auf eine Bühne steigen, die nicht ich für dich vorbereitet habe?“

Ich wusste, dass es Gott war, der *mich* zur Rede stellte, weil es *mich* in den Vordergrund drängte. Er machte das Angebot, auf *seinen* Zeitpunkt statt auf die nächstbeste Gelegenheit zu warten.

Ich antwortete: „Nein, bestimmt nicht.“ Und da stellte sich innerer Frieden ein.

Ein paar Jahre später entschloss sich Gott, den Lichtschalter in diesem Dienstbereich anzuknipsen, und ich fing an, mich auf der größeren Bühne von Spring Harvest zu betätigen. Eines Abends hielt ich einen Vortrag bei der Großveranstaltung. Es lief gut. Eigentlich lief es sehr gut. Der Inhalt schlug bei den Zuhörern merklich voll ein, der Vortragsfluss geriet nicht ins Stocken, und die Menge lachte erwartungsgemäß bei allen witzigen Stellen. Es war ein Volltreffer, wie man so sagt.

Am nächsten Tag schlenderte ich auf meine morgendliche Dosis Koffein in den Servicebereich, und dabei merkte ich, dass die Leute mich ganz anders beachteten. Sie stießen einander an, wenn ich vorbeiging, manche lächelten und sagten „Guten Morgen“, andere wieder flüsterten: „Er ist es – du weißt schon, der von gestern Abend.“

Ich spülte meinen Kaffee runter und ging hinüber zum Bücherstand; ich hatte ein paar freie Minuten und wollte mich in aller Ruhe umschauen. Um aber zu den Ständen zu gelangen, musste ich am Regal mit den Kassetten vorbei, in dem die Aufnahmen aller Veranstaltungen verkauft wurden. Hier hing ein großes Schild mit der Aufschrift: „Vortrag von Jeff Lucas gestern Abend – hier erhältlich“. Es drängelten sich tatsächlich mehrere Menschen unter dem Schild und bestellten Aufnahmen mit meiner Predigt!

Ich lief nach draußen und kämpfte mit dem aufkommenden Drang, mir selbst zu gratulieren. Dann geschah es: Ein Gast stellte sich mir in den Weg, schwenkte ein Buch von mir vor meiner Nase und bat mich, eine Widmung einzuschreiben. Ich wand mich. „Eine Widmung für Ihr Buch? Tatsächlich? Äh, ich weiß nicht – ja gut! Wo soll sie hin? Und wie heißen Sie? Soll ich einen Bibelvers dazuschreiben?“

Den ganzen Tag lang konnte ich auf dem ganzen Gelände nirgendwohin gehen, ohne auf meinen Vortrag angesprochen oder um eine Widmung gebeten zu werden. Zuerst gebot die Bescheidenheit, dass mir das peinlich sein solle, aber schon bald merkte ich, wie ich langsamer ging, wenn sich jemand näherte, damit ich huldvoll grüßen und meine Widmung gewähren könne. Es kam so weit, dass es mir zu einem Bedürfnis wurde, den Stift schon in der Hand zu halten, um allzeit bereit und ohne großen Umstand der immer größer werdenden Schar meiner Bewunderer meinen Segen zu erteilen. Ich war berühmt! Hurra! Das Gefühl war wirklich nicht schlecht.

Gott hat seine Methoden, in unsere aufgeblähten Ballons zu pieken – und ich bin dankbar, dass er meinen schnell zum Platzen brachte. Am späten Nachmittag, als mir die rechte Hand von den zahlreichen freundlichen Widmungen schon etwas weh tat, hörte ich wieder diese Stimme – die Stimme Gottes in meinem Herzen. Und dieses Mal stellte er nur noch eine Frage, die in Sekunden meine aufgeplusterte Haltung wegpustete.

„Aha, da sind wir wohl die Berühmtheit des Tages, stimmt’s?“

Spiel, Satz und Sieg für Gott.

Ich schreibe immer noch Widmungen, wenn ich darum gebeten werde. Und es erfüllt mich mit ungeheuer viel Zufriedenheit und Ermutigung, wenn mir jemand sagt, ein Vortrag oder Buch von mir habe ihm irgendwie geholfen.

Doch über das „Berühmte-Christen-Syndrom“ kann man ja nur lachen, man braucht es auf keinen Fall ernst zu nehmen. Die seltsame Freude, die sich daraus ergibt, dass zahlreiche Menschen von unserer Existenz wissen, ist ein zu unsicheres Gefühl. Und es macht aus einem dicken Goldfisch noch lange keinen Koi-Karpfen.

Ärger aus Chichester

Gerade habe ich einen sehr wütenden Brief gelesen, einen zornigen Aufschrei. Er erschien zusammen mit einem ganzen Haufen ähnlicher Tiraden vom Typ „Schande über unsere Stadt“ auf der Leserbriefseite unserer Lokalzeitung. Die Sprache dieser Sendschreiben ist markig, sarkastisch und ätzend. Sicher ist, dass ein paar Leute in meiner Umgebung überhaupt nicht glücklich sind. Und der Grund für den ganzen Ärger? Die Stadtplaner erwägen, für die neue Fassade und den Ausbau eines großen alten Gebäudes, das majestätisch im Stadtkern thront, viel Geld auszugeben. Es hat eine Flut von empörten Protesten gegeben.

Ich lege die Zeitung nieder. Jetzt bin ich auch verärgert, aber mit stolzen Bauwerken hat es nichts zu tun. Ich ärgere mich über den Verputz, die Fassade, die auf die spannendste und schönste Persönlichkeit der Geschichte gelegt worden ist. Wir, die Gemeinde, die Hüter und Schlüsselverwalter des Reiches Gottes, haben uns etwas ganz Unglaubliches geleistet: Wir haben Jesus zum Langweiler verkommen lassen, zu einem etwas peinlichen Ladenhüter. Dazu waren viel mühevolle Arbeit und Erfindungsgabe erforderlich.

Vergessen wir die ungeheuren Leistungen der Gipfelstürmer des Mount Everest und die hageren Langstreckenrekordler. Lassen wir uns nicht von den Künsten eines David Copperfield beeindrucken, der einen Jumbo-Jet oder die Freiheitsstatue verschwinden lassen kann. Verkneifen wir uns das bewundernde Seufzen angesichts der Geschwindigkeit unserer Computer, die heute Spitzentechnologie und morgen schon Sondermüll darstellen. Diese Leistungen schwinden dahin, wenn man sie mit den „Errungenschaften" der christlichen Kirche vergleicht. Die Engel müssen wohl einen Ohnmachtsanfall erleiden, wenn sie bedenken, was wir gemacht haben.

Wir, die Kirche, haben aus Jesus eine berechenbare und langweilige Allerweltsgottheit gemacht, die bei den Menschen kaum mehr als ein Gähnen bewirkt.

Wir haben lange dazu gebraucht, aber irgendwie haben wir es geschafft, den Schöpfer der Farbe, der Schönheit und der Vielfalt, den Meister der Spontaneität und des Humors, den Einen, der sich „das Leben" nennt, wie ein domestiziertes, zahmes „Gottchen" aussehen zu lassen, das man irgendwie nett findet und zu dem man in Notzeiten Stoßgebete schickt. Doch bleibt er mild, fade und verschwommen – ein blutleerer Galiläer.

Wie haben wir das nur geschafft? Vielleicht haben wir ihn in den Farbtopf der Belanglosigkeit getaucht. Wir haben zugelassen, dass er zum außerirdischen Baby in der Krippe wurde, schon irgendwie süß, aber ziemlich überflüssig, außer für sentimentale Omis. Die Szene ist ja auch surrealistisch: Maria, die sich aus Anlass der Geburt von Kopf bis Fuß ausgerechnet in nonnenhaftes Blau gehüllt hat, sitzt gelassen da und hat ein schimmerndes Goldfischglas auf dem Kopf. Der gute alte Josef lässt sich nicht oft blicken, wenn aber doch, dann macht er einen etwas nervösen Eindruck, als sei er besorgt wegen der recht wackeligen Krippe, die er gerade erst zusammengezimmert hat. Er trägt meist kein Goldfischglas, sonnt sich aber im warmen Licht des Heiligenscheins seiner Gattin.

Der kleine Jesus hat natürlich ein Goldfischglas. Obwohl er erst zehn Minuten alt ist, sitzt er wie durch ein Wunder schon aufrecht und dankt den Weisen und Hirten huldvoll für ihre Freundlichkeit, zu seiner kleinen Party zu erscheinen. Und das weiche, mondbeschienene Heu ist ein Teppich, auf dem eine malerische Ansammlung zufriedener, grinsender Tiere vom Bauernhof steht.

Was hat nun der Lieddichter über dieses Bündel in Windeln zu sagen? „Und der kleine Herr Jesus hat gar nicht geweint ..."

Aha, dieses Baby weint nicht. Vielleicht wollte es ja, lächelte stattdessen aber seine Mutter an und sagte mit seinen Blicken: „Normalerweise würde ich weinen, denn es wäre mir lieb, wenn die schmutzige Windel gewechselt würde, aber weil ich der Sohn Gottes bin und über diesen Augenblick mal ein Lied geschrieben wird, lass' ich es bleiben." Quatsch! Natürlich hat Jesus geweint.

Wir erblicken eine Szene aus einer anderen Welt – Lichtjahre entfernt von Blut, Eingeweiden, Kälte und Enttäuschung und dem Vorwurf: „Lieber Gott, du hast für eine unbefleckte Empfängnis gesorgt, aber hättest du dich nicht auch um eine Unterkunft kümmern können?" Das war der armen Maria vielleicht durch den Kopf gegangen, als es hieß, in der Herberge sei kein Platz mehr.

Ställe stinken. In Israel sind Ställe meist kalte, feuchte Höhlen, in denen lange Schatten für eine ungemütliche Atmosphäre sorgen. Mäuse und Ratten huschen dreist hin und her. Schmutziges, von Exkrementen bekleckertes Heu verteilt sich auf dem feuchten Boden. Das ist die ganze „Herrlichkeit", Jesus, die du dir für dein Erscheinen auf unserer verschwitzten, verwahrlosten kleinen Welt ausgesucht hast: Ein König wird im Stall geboren. Wie hättest du uns noch näher kommen können? Und trotzdem halten wir dich für belanglos.

Vielleicht findet man dich auch langweilig, weil wir nicht zulassen, dass du allzu viel Raum in der Kirche beanspruchst. Bist du das, den ich an der Tür deines eigenen Hauses klopfen höre, Jesus? Bist du einfach zu unberechenbar, zu wild? Ist es allzu wahrscheinlich, dass du uns, der Mittelklasse, ihre wohlanständigen Pläne über den Haufen wirfst? Haben deswegen wir, dein Volk, oft genug die Kirche als gut funktionierenden Mechanismus eingerichtet, der allzu oft dazu dient, dich auf „gesunder“ Distanz zu halten?

Und was ist mit der Botschaft, die nach deinen Worten eine *gute* Nachricht ist? Haben wir den Ruf des Evangeliums auf eine tiefgefrorene, genussfertig abgepackte Ware reduziert, ein himmlisches Karfreitagsabkommen, das uns die Vergebung von der Sünde und eine Zukunft im Himmel garantiert? Steckt im Evangelium nicht viel mehr drin als nur die „vier geistlichen Gesetze“? Ist es nicht eine freundliche Einladung zur lebenslangen Freundschaft mit Jesus, dem Sohn Gottes höchstpersönlich? Wie konnte die Einladung zum Festmahl zu dem Befehl verkommen, vor Gericht zu erscheinen? Wartet auf uns denn nicht ein Vater, der immer ein gutes Stück Fleisch zum Grillen hat, auf dass wir nach Hause kommen?

Jesus, wir haben es geschafft. Wir haben den Regenbogen in den Schlamm gezogen. Wir haben aus der Sonne eine billige Neonröhre gemacht. Wir haben dir, dem hellen Morgenstern, einen langweiligen Lampenschirm verpasst.

Klingt das, als ob ich wütend bin? Richtig. Deshalb schreibe ich einen Brief darüber. Diesen hier.

Tradition

Sandwichbelag

Heute war ich menschlicher Sandwichbelag. Folglich empfinde ich jetzt akutes Mitleid mit Tomaten, weil ich inzwischen genau weiß, wie sich eine Tomate eigentlich fühlt, so aufgeschnitten und blutend, unfeierlich zwischen zwei Brotscheiben gesteckt. Mein tiefes Mitgefühl erstreckt sich auch auf Käse, Truthahnbrust und sogar saure Gurken. Denn ich weiß, was es bedeutet, ein Sandwichbelag zu sein.

Die Bank auf dem Bahnhof von Chichester sah einladend aus und bei 10 Minuten Wartezeit auf den Zug meinte ich, meinen Füßen das eigene Körpergewicht ersparen zu müssen. Aus irgendeinem Grund wählte ich den Platz in der Bankmitte. Ein Fehler.

Sekunden später setzte sich eine schmächtige, freundlich aussehende ältere Dame links neben mich. Höflich rückte ich mein Hinterteil ein paar Zentimeter weiter, um ihr mehr Platz zu machen. Sie sah ein bisschen gebrechlich und ziemlich nervös aus, und so fand ich mein normales „Guten Morgen" zu riskant, schaute sie mir vielmehr nur verstohlen von der Seite an. Sie erschauerte unter dem peitschenden Wind auf dem eiskalten Bahnsteig, doch ihre Augen blickten warmherzig. Trügerisch warmherzig. Ich konnte noch nicht wissen, dass diese Frau sich als Teil des Sandwichs erweisen sollte.

Die andere „Scheibe“ trat eine oder zwei Minuten später auf. Die nächste ältere Dame setzte sich rechts von mir hin. Ich rutschte mit meinem Hinterteil dahin zurück, wo es sich zuvor befunden hatte. Sie war ein unauffälliger Mensch, völlig harmlos. Dachte ich. Ich wusste ja noch nicht, dass sie die obere Scheibe werden sollte, und als sie den eisigen Wind halblaut verfluchte, konnte ich ihrer Ausdrucksweise entnehmen, dass sie definitiv eine obere Scheibe war.

„Wann geht der Zug nach London?“, fragte sie. Sie hatte die Frage an keine bestimmte Person gerichtet, erwartete anscheinend aber von mir eine Reaktion. Ihre Stimme erinnerte mich an die schrille Frage unserer Rektorin aus der Grundschule, der ich erklären sollte, warum ich das spitze Ende eines Zirkels in die linke Pobacke meines Mitschülers gesteckt hatte.

„Äh, ich glaube, er ist in neun Minuten hier“, erwiderte ich und hatte aus irgendeinem Grund das Gefühl, persönlich für die chaotischen Verhältnisse beim britischen Eisenbahnwesen verantwortlich zu sein. Dann aber entfleuchten mir vier Worte, die ein Feuerwerk des Negativen auslösten: „Wenn er pünktlich ist.“

So entstand das Sandwich. Die obere Scheibe schnaubte empört und begann sofort mit einer Tirade, sowohl an mich als auch an die untere Scheibe gerichtet, in der es um die Abscheulichkeiten der Zugreisen des vergangenen Tages ging. Es war eine absehbare Litanei des Leidens: Verspätungen, schmutzige Waggons, Graffiti allerorten und wenig hilfsbereites Zugpersonal. Anscheinend waren die schmutzigen Toiletten zudem noch abgeschlossen, so dass niemand sie benutzen konnte.

Unausweichlich ging mir eine tiefere philosophische Frage durch den Kopf: Woher wollte die obere Scheibe wissen, dass die Toiletten schmutzig waren, wenn sie doch verschlossen waren? Mhmmm ...

Ich wurde ruckartig aus meinen Überlegungen gerissen. Jetzt äußerte sich nämlich die untere Scheibe. Aus ihrer Stimme mit dem entzückend-indignierten Cockney-Dialekt ließ sich schließen, dass sie aus dem Osten Londons stammte. Es war, als habe die Tirade der oberen Scheibe einen Schalter in ihr angeknipst, der eine wahre Flut von Zorn und Kummer freisetzte. Ich wurde wie Luft behandelt. Sie sprach mit der oberen Scheibe direkt durch meinen Kopf hindurch und beschwerte sich über das Wetter (immer ein zuverlässiges Lieblingsthema, wenn Briten Aggressionen abbauen wollen), dazu über die Radionachrichten (man brachte keine zuverlässigen Informationen), den Bezirksbusbahnhof (ich war mir nicht sicher, was daran nicht stimmte, aber sie wollte sich auf jeden Fall beim Stadtrat beschweren), die Jugend von heute (kein Vergleich zu früher) und dann wieder über das Wetter. Die nächsten 8 Minuten fühlte ich mich wie eine Sandwichfüllung: Das unglückliche Zentrum einer Symphonie des Negativen.

Ich erlaube mir einen anderen Vergleich: Ich war das Netz im Centre Court von Wimbledon, und die beiden Damen lieferten sich flinke boshafte Ballwechsel aus Beschwerden und ließen mich ganz außer Acht, während die Volleys und Aufschläge haarscharf an meinem Kopf vorbeischossen, jetzt immer schneller. Hin und her ging es, die Stimmen stiegen um eine Oktave, die faltigen Hälse wackelten und die Adern zuckten in ihrem zornigen Tanz bei der Klage über – eigentlich alles. Ich beugte mich vor und barg den Kopf in meinen Händen, wobei ich mir verstohlen die Ohren zuhielt. Ich konnte nicht einfach aufstehen; das wäre zu offensichtlich unhöflich gewesen. Jedenfalls hatte ich mit meiner kurzen Bemerkung den Korken aus der Champagnerflasche gezogen und die Beschwerdeflut ausgelöst.

Endlich kam der Zug – pünktlich. Doch nicht einmal das stillte den Zorn der Scheibchen: „Kaum zu glauben, ein pünktlicher Zug, was passiert als Nächstes ...“

Ich floh in ein Raucherabteil. Nicht, weil ich mir eine anzünden wollte – ich rauche nicht –, ich stellte mir nur vor, dass eine Atmosphäre voll krebserzeugendem Nikotin und Teer nichts gegen ein Abteil geschwängert mit ätzender Negativität war.

Sich beschweren – das ist das klassisch-britische Freizeitvergnügen. Verzeihen Sie mir bitte das Klischee; natürlich gibt es immer wieder bemerkenswerte Ausnahmen, aber manchmal trifft mich die negative Atmosphäre, die bei uns vorzuherrschen scheint, wie dicker Smog, wenn ich aus Amerika einfliege. Unsere Cousins auf der anderen Seite des Teichs fühlen sich ganz glücklich, wenn sie glücklich sind. Die Kritiker behaupten, dass die amerikanische Kultur von Oberflächlichkeit geprägt sei, aber alles in allem können die Amerikaner jedenfalls lachen und wünschen jedem einen schönen Tag. Man fragt mich, wie es mir geht, und macht dabei im Allgemeinen einen interessierten Eindruck. Eigentlich kommt mir das richtig nett vor.

Im Gegensatz dazu der recht typische Verlauf einer Unterhaltung bei uns Briten:

„Hallo, wie geht's?"

„So schlecht auch wieder nicht, danke." (Achtung: Wir geben nicht die Auskunft, dass es uns tatsächlich gut geht oder wir mit dem Leben zufrieden sind. Nein, es ist nicht allzu schlecht.)

„Dann läuft es bei dir ganz gut?"

„Ja, ich kann mich eigentlich nicht beklagen." (Wiederum achte man auf das Negative im Positiven. Wir vermitteln den Eindruck, dass wir uns im Grunde gern beklagen *würden*, aber leider ist nichts in Sicht, worüber wir anständig jammern könnten. Macht aber nichts – irgendetwas, das unserer Klage wert ist, wird schon hinter der nächsten Ecke lauern.)

Vielleicht sollten wir uns bei den Amerikanern eine Scheibe abschneiden. Wenn uns das aber gar nicht schmecken sollte, dann müssten wir uns vielleicht gleich an das Buch halten, das von Gott inspiriert ist. Denn darin fordert er uns immer wieder auf, dankbar zu sein: Wir sollen eine bewusste Dankbarkeit praktizieren und keinen einzigen Segen Gottes als selbstverständlich betrachten. Wir Christen haben einen Gott, der den Entschluss gefasst hat, sich um unser fades Leben zu kümmern. Dankbarkeit ist ansteckend. Wenn sie echt ist, dann geht sie weit über oberflächliches Getue hinaus und hat nichts mit Gleichgültigkeit gegen die anderen zu tun („Ich habe meine Schäfchen ins Trockene gebracht").

Es hat mir keinen Spaß gemacht, ein Sandwichbelag zu sein. Lieber umgebe ich mich mit dankbaren Menschen.

Nennen Sie mich ruhig oberflächlich, wenn Sie Lust haben, aber ... ich wünsche Ihnen einen schönen Tag!

Möbelrücken

Im Rückblick stelle ich fest, dass es eine selbstmörderische Entscheidung war: tollkühn, eigentlich verrückt. Aber ich musste es einfach tun. Ich war wie getrieben. Vorher war ich natürlich nervös und ängstlich, aber irgendetwas in mir zwang mich dazu. Ich holte tief Luft und ging los wie einst Martin Luther, der entschlossen zur Tür der Schlosskirche zu Wittenberg schritt. Aus tiefster Überzeugung ging ich ans Werk. Es war ein historischer Mittwochabend.

Mittwochs war das wöchentliche Bibelstundentreffen. Als leitender Pastor führte ich durch den Abend, kündigte die Lieder an und hielt das Bibelstudium. Dieser besondere Mittwochabend aber sollte ein Ereignis bringen, das niemand in der Gemeinde je vergessen würde. Ich traf eine Stunde vor der Zeit im Gemeindesaal ein, schaltete die Beleuchtung an und krempelte die Ärmel hoch. Ich brauchte Zeit und Platz, um meinen außergewöhnlichen Plan umzusetzen.

Nachdem ich Licht gemacht hatte, hielt ich einen Augenblick inne. Fast lähmte mich die Angst. Das Blut rauschte mir in den Ohren, als ich meinen wilden Plan überdachte. Dann biss ich die Zähne zusammen, als habe mich ein unsichtbarer Engel für die Aufgabe gestählt. Ich tat es!

Ich stellte die Stühle um.

So lange ich zurückdenken kann, hatte unsere kleine Gemeinde Mittwoch für Mittwoch wie in klassischen Kirchenbänken hintereinander gesessen. Daran gibt es natürlich grundsätzlich überhaupt nichts auszusetzen, aber ich hatte davon gepredigt, dass die Kirche eine Familie sei, nicht nur eine Studiengruppe. Deshalb schien es mir, dass eine weniger formelle, eher beziehungsorientierte Sitzordnung angemessener sei. Also stellte ich die Stühle in einem großen Kreis auf. Da – jetzt war es geschehen. Und dann wartete ich.

Eine halbe Stunde später trafen unsere Gemeindeleute ein. Die ersten paar waren noch nicht lange Christen. Sie hatten noch nichts von der Lehre mitbekommen, dass es eine Art geheiligten Sitzplan geben müsse, und daher nahmen sie mit einem Lächeln und fröhlichem Gruß Platz, aber ohne Kommentar. Doch das war die Ruhe vor dem Sturm. Einige von den gereifteren Gläubigen kamen hereingeschneit. Manche setzten sich nur und fingen gleich an zu beten. Offensichtlich waren sie entschlossen, ihre Bedenken wegen der kreisförmigen Stuhlordnung zum Thron der Gnade zu bringen. Andere äußerten sich sofort und direkt.

„Guten Abend, Pastor."

„Hallo, wie geht's?"

„Gut, danke ... äh, das ist komisch ..."

„Was?"

„Die Stühle ... sie – äh, sie ..."

„Ja?“

„Pastor ... die Stühle stehen im Kreis!“

Das war ausgesprochen aufmerksam beobachtet. Also gratulierte ich der Person. Das aber war eigentlich nicht das Wesentliche, wie man sich denken kann. Die Beobachtung war das Vorspiel zu einem Protest. Der kam dann auch. Die erste Welle wurde mit dem Argument historischer Präzedenz geführt.

„Pastor ... die Stühle ... die hatten wir *noch nie* im Kreis stehen.“

„Nein, da hast du ganz Recht. Das scheint mir ein absolut guter Grund zu sein, etwas Neues auszuprobieren.“ Wie ein Ass aus dem Ärmel brachte ich das Argument ins Spiel: „Welche Familie sitzt schon hintereinander aufgereiht?“ Eine gute Reservewaffe für den Fall, dass die Schlacht einen Blutzoll fordern sollte.

Die nächste Angriffswelle bediente sich eines biblischen Arguments: „Ja, aber natürlich ist etwas Neues nicht unbedingt auch etwas Besseres, oder doch? Ist es biblisch, die Stühle im Kreis aufzustellen?“

Ich hätte gern laut über die Vorstellung gelacht, dass Gott befiehlt, wie sein Volk sich niederlassen soll, wenn es zusammenkommt. „Mir fällt kein einziger Bibelvers im Neuen Testament ein, in dem es um Sitzordnungen geht. Vielleicht ist es Gott egal?“

Dann aber kam die Versuchung zum Schabernack, wie ich bekennen muss. „Eigentlich steht im Neuen Testament im weitesten Sinne doch etwas zum Thema Sitzordnung.“

Der Protestierende strahlte. Vielleicht war ich drauf und dran, ihn mit nicht mehr erwarteter Munition zu versorgen.

„Paulus predigte an dem einen Abend so lange, dass ein armer Kerl aus dem Fenster fiel und dringend auf Gebet angewiesen war. Vielleicht lehrt uns das, die Stühle, ob im Kreis oder in Reihen, in einem Sicherheitsabstand von den Fenstern im Obergeschoss aufzustellen. Da wir uns allerdings im Erdgeschoss befinden, lässt sich dieses spezielle neutestamentliche Gebot nicht auf unsere Situation anwenden."

Das war ein ungezogener, aber vernichtender Schlag. Der Möchtegern-Protestler setzte sich und ließ mit seiner Körpersprache den stummen Schrei hören: „O Gott, die Stühle stehen im Kreis – was kommt als Nächstes?"

Die nächste Woche wollte ich einen weiteren reformatorischen Schritt tun. Wir reichten am Ende des Treffens immer Tee und Butterkekse. Ich überlegte mir: Warum eigentlich am Ende? Warum nicht mitten drin? Signalisieren wir mit der Erfrischung am Ende der Veranstaltung unseren Leuten nicht eine theologische Botschaft? Das Gebet ist geistlich, das Bibelstudium ist geistlich, Teetrinken und Keksessen sind nicht geistlich?

Die Stühle standen wieder im Kreis. Man mochte inzwischen die Anordnung eigentlich ganz gern. Wir sangen und hatten unsere Gebetszeit. Dann, als alle ordnungsgemäß nach ihren Bibel griffen, sagte ich: „Legt eure Bibeln bitte für ein paar Minuten beiseite. Wir trinken erst einmal eine Tasse Tee oder Kaffee und essen ein paar Kekse. Heute Abend gibt es keine Butterkekse. Mal ehrlich, Butterkekse sind langweilig. Nur Christen essen sie. Die Firma würde Pleite gehen, wenn wir diese Kekse nicht massenhaft verdrücken würden. Ich dachte also, dass wir ein bisschen aus der Reihe tanzen sollten – mit Jaffa-Keksen. Ich mag die Orangenmarmelade in der Füllung. Das Wasser kocht ..."

Es folgte ein Augenblick verblüfften Schweigens. Wie der Weihnachtsliederdichter sagt: „Große Furcht ergriff ihren betrübten Sinn." *Tee? Jetzt? Knall auf Fall mitten in der Bibelstunde? Und nicht nur das – auch noch Jaffa-Kekse? Oh, dieser Verrückte, die reine Dekadenz.*

Einer sprach: „Du meinst, wir sollen Tee trinken ... gleich jetzt?"

Ich blieb fest und furchtlos. „Ja, machen wir."

„Mitten in der Bibelstunde trinken wir also Tee ... und essen Kekse?“

„Ja. Hätte man den alten Paulus gefragt, ob er die Bibelstunde gestern gut fand, dann hätte er gar nicht gewusst, wovon die Rede ist. In der frühen Kirche gab es keine Bibelstunden – nur viele Versammlungen. Man traf sich, um gemeinsam zu essen und zu trinken und zu beten und zu weinen und einander Kraft zu spenden. Holen wir also den Teekessel und verhalten uns biblisch.“

Nun saßen wir da im Kreis, tranken unseren Tee und genossen den Luxus der Orangencreme. Es hat richtig Spaß gemacht.

Ich ziehe meinen Hut aus Respekt vor den Mitgliedern der Gemeinde, die ich leite. Es sieht so klein und unbedeutend aus, aber an diesen beiden Mittwochabenden empfanden wir, dass sich innen drin etwas verändert hatte. Wir stellten die Frage, warum wir eigentlich machen, was wir immer machen, und kamen auf Ergebnisse, die damals ein gewisses Risiko zu bergen schienen. Ich bin froh, dass wir die Stühle im Kreis aufgestellt und den Teekessel aufgesetzt hatten.

Zu dieser Geschichte gibt es noch ein herzerwärmendes Nachspiel. Einige Jahre nach der Begebenheit mit Stuhlkreis und Keksen fand ich, unser kleines Abenteuer der Veränderung könne dem ganz großen Publikum bei Spring Harvest erzählt werden.

Ein Mann, der von seiner gläubigen Frau zur Veranstaltung mitgeschleift worden war, saß in seinem Ferienhaus vor dem Fernseher. Er hatte nicht unbedingt mitkommen wollen, hatte ihr aber nachgegeben, um seine Ruhe zu haben, und war auf gar keinen Fall Christ. Auf der Suche nach etwas Interessantem zappte er die Sender durch und kam versehentlich zur Live-Schaltung von der Großveranstaltung. Ein Typ hielt einen Vortrag und sprach aus irgendeinem Grund über Butterkekse und Jaffa-Kekse. Vor Erstaunen zappte der Mann nicht weiter. Was war das für eine Veranstaltung, zu der seine Frau ihn mitgeschleppt hatte? War er der unfreiwillige Gast bei einem Treffen anonymer Keksfreunde?

Er sah sich den Rest der Sendung an und hörte mir zu, wie ich vom Evangelium erzählte. Man kann es sich ja denken: An diesem Abend vertraute er Jesus sein Leben an. Und das nur, weil sein Interesse sich an meiner Geschichte von Jaffa-Keksen und Butterkeksen entzündete.

Traditionsbewusstsein

Tradition ist ein Begriff, der in den letzten Jahren etwas unter die Räder gekommen ist. Aus der einen oder anderen Ecke wird propagiert, dass alles, was der Vergangenheit entstammt, überholt, antiquiert oder fundamentalistisch sein müsse; nur das Brandneue, das angeblich Kreative und sichtlich Innovative zählt und hat Bedeutung. Leider läuft das darauf hinaus, dass wir zu Geschichtsverächtern werden und das Bewährte kurzerhand bloß deshalb ablehnen, weil es schon seit einer Weile da ist. Dann müssen neue Traditionen erfunden werden, um die alten zu ersetzen.

Traditionen können aber auch gefährlich sein, wie Jesus uns gelehrt hat. Mit vernichtenden Worten für die religiösen Experten seiner Tage verkündete er die glasklare Erkenntnis, dass sie mit ihren Traditionen das Wort Gottes wirkungslos machten. Das eigentliche Problem ist sinnloser, gedankenloser Traditionalismus, der sich dem neuen Wein des Geistes verwehrt, nicht aber das bewährte, manchmal sogar archaische Handeln selbst.

Ich kann alte Traditionen mit ihren Zeremonien durchaus genießen, auch wenn sie manchmal einen etwas unsinnigen Eindruck machen. Wenn die Mitglieder im *House of Lords* es sich auf einem Wollsack bequem machen, weil Wolle seit alters her in England als das Bequemste galt, dann lasse ich das durchgehen. Und auch die Eröffnung der Legislaturperiode macht mir Vergnügen, wenn die Königin sich herablässt, eine Rede zu halten, die sie niemals im Leben selbst geschrieben hat. Der Aufruf an die Parlamentsmitglieder ist eine lustige kleine Routineangelegenheit. Ein dunkler, abschreckender Kerl, den man leicht für einen mittelalterlichen Transvestiten halten könnte, klopft an die Parlamentstür. Sie wird geöffnet und ihm dann zeremoniell vor der Nase zugeschlagen, dem armen Mann. Der zum Äußersten Entschlossene klopft nochmals und ruft die Abgeordneten auf, sich die Rede ihrer Majestät anzuhören. Es ist eine harmlose Theaterszene. Das Gute daran ist, dass es sich um ein farbenfrohes festliches Treiben handelt und dazu beiträgt, amerikanische Touristen in Scharen in unser Land strömen zu lassen.

Ich habe mich dabei ertappt, selbst Traditionen der sinnlosen Sorte zu pflegen. Jeden Morgen fängt mein Tag damit an, dass ich mir Kontaktlinsen in die Augen lege. Für diese umständliche und heikle Prozedur habe ich mir sorgsam eine Zeremonie zurechtgelegt. Händewaschen, Behälter öffnen und immer die *linke* Linse zuerst einlegen, dann natürlich die rechte Linse. Neulich habe ich mir eine schreckliche Abweichung von der festgelegten Norm geleistet. Ich schäme mich bekennen zu müssen, dass ich erst die rechte Linse auf das rechte Auge gelegt habe und schon drauf und dran war, diese waghalsige Aktion mit der linken Linse fortzusetzen, als ich merkte, was für einen furchtbaren Fehler ich begangen hatte. So durfte es nicht sein! Was sollte daraus werden? Alle Maßstäbe gerieten ins Rutschen. Peinlich, aber ich gestehe, dass ich die rechte Linse entnahm und sie zurück in ihren sterilen Behälter legte. Dann setzte ich mir die linke Linse ein, wie die Zeremonie es erforderte, und hinterher setzte ich mir auch wieder die rechte ein. Während ich die Prozedur beschloss, fiel mir plötzlich auf, dass ich möglicherweise psychiatrischen Beistand nötig hatte.

Warum pflegen wir überhaupt unsere Traditionen? Manche erwachsen schlicht und einfach aus Gewohnheiten, formen sich aus den ausgetretenen Pfaden, die sich aus wiederholten Gängen ergeben. Andere dienen als Verbindung zur Geschichte und zum Schicksal: Sie erinnern uns wie ein Echo aus der Vergangenheit daran, wer wir sind und woher wir kommen. Manchmal aber ist die Tradition, weil aus Vorrechten und Herrschaft geschmiedet, eher unheimlich. In *unserer* Kirche wollen wir alles so haben wie immer und vergessen dabei, dass Jesus für die Erlösung *seiner* Gemeinde starb und dass in Wirklichkeit das zählt, was er für *seine* Braut im Sinn hat. Dann verstecken wir uns hinter der fadenscheinigen Szenerie der Tradition, um die künftigen Ereignisse zu beherrschen und zu manipulieren.

Zum verstorbenen David Watson hat einmal eine Dame gesagt: „In *unserer* Kirche wollen wir mit diesem übernatürlichen Christentum nichts zu tun haben, nein danke.“

Herrschaftsstreben war die Versuchung sowohl für die Pharisäer als auch für die Jünger. Die Ersteren waren blind für das Wunder, wie der bereits stinkende Lazarus lebendig aus seinem Grab taumelte, weil das Wunder zu unbequem war und sich von ihnen nicht kontrollieren ließ. Jesus hatte ihr selbst erteiltes Monopol auf geistliche Dinge gebrochen, und ein solcher Feind musste unbedingt ihrer Herrschaft unterworfen werden, und sei es dadurch, dass man ihn ans Kreuz nagelte. Die Möchtegern-Freunde und Nachfolger Jesu hingegen wollten oft alles in seiner Umgebung ordnen und aufräumen. Wenn Scharen von rotznasigen Kindern um ihn herumwuselten, die umarmt und gesegnet werden wollten, passte es ihnen einfach nicht in den Kram. Sollte Jesus nicht wichtige Fragen im Kreise der religiösen Leuchten des Tages behandeln? Also versuchten sie, die Kleinkinder wegzuscheuchen – und damit entfachten sie einen Zornesausbruch von Jesus.

Petrus, der Freund von Jesus, musste lernen, kein solcher Kontrollfreak zu sein. „Geh nicht nach Jerusalem, Jesus, da stirbst du nur. Glaub ja nicht, dass ich dich verleugne, Jesus: Ich bin stärker und größer als das." Erst das dreimalige Krähen des Hahns brachte die Herrschaftstendenzen des Petrus zum Schweigen und ihn selbst letzten Endes auf die Knie.

Werfen wir also im Namen der Innovation nicht alles weg, das etwas Geschichte atmet. Hüten wir uns aber, die Hände Gottes mit der alten Maxime „So was kommt bei uns aber nicht in Frage" in Handschellen zu stecken.

Kana

Malen wir uns die Szene aus. Der Tag war vollkommen gewesen. Eine strahlend schöne Braut, in deren Augen das warme Licht der Kerzen tanzt; ein glücklicher Bräutigam, leicht verlegen, andauernd nervös lachend; das sorglose Geplapper der Kinder, die hin und her flitzen; Hunde suchen unter den Tischen nach Resten, während die Musiker sich selbst übertreffen.

Dann aber die Katastrophe, die drohende Schande in einer Gesellschaft, in der Gastfreundschaft über alles geschätzt wird. Das krampfhafte Geflüster der Diener, die dringlichen Gespräche hinter vorgehaltener Hand. Das großzügige Ausschenken des Weins hört abrupt auf: alles ausgetrunken. Das Gelingen des ganzen Tages ist jetzt von der Fehleinschätzung oder vom zu kleinen Etat bedroht. Vielleicht haben sich auch unerwartete Gäste zu sehr abgefüllt.

Ein hastiges Gespräch in der Ecke, ein Wortwechsel zwischen einer Mutter und ihrem Sohn, und die Diener werden fortgeschickt, um die riesigen Steinkrüge mit Wasser zu füllen. Ein paar Augenblicke später werden die Krüge feierlich mit dem angemessenen Pomp hereingetragen, und die Gäste beeilen sich, die jüngste Gabe ihres Gastgebers zu probieren. Der Wein ist ausgezeichnet und zeugt von der Großzügigkeit des Brautvaters: Er hält sich nicht an die verbreitete Sitte, das billigste Gebräu anzubieten, wenn die Gäste schon so beduselt sind, dass sie keine Qualitätsunterschiede mehr herausschmecken.

Der Gastgeber ist froh und verblüfft zugleich. Die Freude krönt diesen Tag, als seine Freunde und Verwandten die Gläser erheben und ihm für seine Großzügigkeit zuprosten, doch ist er auch verblüfft, weil er sorgsam auf den Pegel in den Krügen geachtet hatte und bestürzt war, ihn so schnell sinken zu sehen. Im Laufe des Nachmittags ist ihm die Sorge auf den Magen geschlagen und hatte ihm alle Freude geraubt. Schon blickte er in den Abgrund der Familienschande, jetzt ist er das positive Stadtgespräch! Woher aber kommt dieser beste aller Jahrgänge?

An einem Ecktisch sitzt eine Frau und lächelt über das ganze Gesicht. Neben ihr steht ein stiller junger Mann, dessen Augen schelmisch blitzen.

Vergessen wir einmal für ein paar Sekunden, wie vertraut uns die Geschichte der Hochzeit von Kana ist. Stellen wir uns vor, dass eine der größeren christlichen Einrichtungen eine besondere Eröffnungsveranstaltung plant. Vielleicht nehmen auserlesene evangelikale Würdenträger feierlich in ihren schwarzen Anzügen daran teil. Es werden tief gehende Vorträge gehalten, theologisch reichhaltige und vollmächtige Gebete hallen im Gebälk. Die Stimmung ist eher verhalten und getragen als feierlich.

Du aber, Jesus, hast dir für den Beginn deines Dienstes ein fröhliches Fest ausgesucht. Einen Ort, an dem Weingläser erhoben werden und Musik ertönt, an dem Kinder miteinander Fangen spielen und die Braut, scheue Erwartung in den Augen, mit ihrem Mann tanzt.

Doch, o Schreck, du hast nicht nur teilgenommen, du hast sogar für Weinnachschub gesorgt, auch noch für einen guten. Es kommt noch schlimmer: Der Wein, den du gespendet hast, war der letzte des Abends; gerade, als sich Enttäuschung breit machte, weil die Krüge leer wurden, sorgtest du für das Mittel, damit die Party bis spät in die Nacht dauern konnte. Was hast du denn noch vor, Jesus?

Tatsache ist, dass du überhaupt nicht in unsere religiösen Schubladen passt, Jesus. Vielleicht lieben dich deshalb so viele von uns.

Sex

Einmal Mr. Bean sein

Ich habe ein ehrgeiziges Ziel. In einer Sache möchte ich richtig gut sein: im Leben. Ich möchte die Haarnadelkurven der Existenz auf diesem Planeten mit Schwung und Beherrschung nehmen können. Ich möchte nicht tagein, tagaus wie Mr. Bean von einer peinlichen Episode zur nächsten stolpern. Klar, so etwas kommt vor. Wenn es passiert, fühle ich mich wie ein provisorisches Lizenzmodell, das im Jahr 2040 ausläuft.

Erst neulich, direkt nach einer wunderschönen christlichen Hochzeit, habe ich mich wieder mal als blutiger Stümper in der Kunst des Lebens geoutet. Wenn eine Hochzeit in Aussicht steht, können Christen sehr munter und aufgeregt agieren. Dahinter steckt vielleicht die Erkenntnis, dass für das glückliche Paar göttlich legitimierter Sex in Aussicht steht. Folglich liegt ein Hauch von Party in der Luft. Und dann geht das muntere Treiben auch schon los.

Einmal habe ich bei einem Junggesellenabschied mitgemacht und erlebte zu meiner Begeisterung, wie einem höchst respektierten christlichen Leiter eine große tiefgefrorene Forelle von oben in die Hose gesteckt wurde. Sowohl er als auch die Forelle hatten mein Mitgefühl, aber es hat Spaß gemacht, bei solchen harmlosen Streichen beteiligt zu sein.

Je „heiliger“ (und manchmal gesetzlicher) die betreffende Gruppe ist, desto ausgelassener scheinen solche vorhochzeitlichen Ereignisse wohl zu geraten. Vor kurzem war ich Gast bei einer Hochzeit in einer Pfingstgemeinde und staunte bei der Beobachtung, dass der errötenden Braut zahllose anzügliche Gegenstände überreicht wurden, die wahrscheinlich nicht beim christlichen Buchladen um die Ecke erhältlich sind. Unter anderem gab es essbare Unterwäsche (vermutlich eine Notration für den Fall, dass auf der Hochzeitsreise einer des Nachts unstillbaren Appetit bekommt); Pasta, die, na ja, sagen wir mal, in höchst ungewöhnlichen Formen produziert war, und einige lustige Kondome, wobei mir der Anstand gebietet, sie einfach als ... als modische Kondome zu beschreiben. Leider hat sie wohl jemand im Laufe des Abends versehentlich in meine Aktentasche gleiten lassen. Dumme Sache!

Gestern hielt ich einen Vortrag in Salt Lake City in Utah. Nach meiner Predigt ging ich zum Auto und wurde von einer Dame begleitet, die in der Gemeindeverwaltung tätig ist. Ich wollte meinen Flug umbuchen und ein Hotelzimmer am Flughafen reservieren. Sie wollte mir behilflich sein und bat mich um die Tickets. Ich langte in meinen Aktenkoffer und wühlte nach der Brieftasche mit dem Pass. Das erste, was mir in die Hände kam, war ein Korkenzieher. Ich finde, man sollte immer auf die Notwendigkeit eingestellt sein, eine anständige Flasche Wein öffnen zu können. Deshalb führe ich stets einen Korkenzieher in der Tasche mit mir. Hier aber befand ich mich in Salt Lake City, einer Stadt, die im wahrsten Sinne des Wortes „trocken“ ist. Man kann dort keinen Alkohol kaufen; in der ganzen Stadt herrscht ständig Aschermittwoch. Und nun stehe ich da, der Gastprediger, und schwinge einen Korkenzieher. Ich ließ ihn wie eine heiße Kartoffel in die Tasche fallen. Hoffentlich hatte die Dame mein Weintrinkerwerkzeug nicht bemerkt. Doch es sollte noch schlimmer kommen ...

Ich plauderte weiter, während ich in der Tasche herumsuchte. Da ich nicht konzentriert war, zog ich ein Päckchen hervor, bei dem es sich meiner Meinung nach um eine Schachtel Pfefferminzbonbons handelte. Von meinem eigenen Redefluss angeregt, fuchtelte ich damit zur Unterstreichung herum. Die gute Frau wurde nervös. Vielleicht war sie allergisch gegen Pfefferminz? Ich sah verstohlen auf den Gegenstand in meiner Hand und war dankbar, dass ich die vermeintliche Packung Drops nicht geöffnet und eins davon in meinen Mund gesteckt hatte. Es hätte sich ungemein gut kauen lassen, denn ich erblickte ... die Kondome.

Mir rutschte das Herz in die Hose, mein Verstand arbeitete wie wild. Eine Erklärung war unbedingt fällig.

„Sie haben, äh, sicher gemerkt, dass ich gerade eben ein Päckchen Kondome aus der Tasche geholt habe", begann ich noch schreckensstarr und fuhr fort zu erläutern, wie es in meinen Besitz geraten war. Sie lachte ein bisschen zu laut. Gerade hatte ich mich halbwegs aus dem Schlamassel befreit, da grub ich mir das nächste Loch.

„Also dann, glauben Sie, dass Sie uns ein Hotelzimmer besorgen könnten?", plapperte ich los, wobei mir gedankenlos das Wort *uns* statt *mir* herausgerutscht war.

Hervorragend! Ich konnte mir vorstellen, wie sie diese Geschichte weitererzählte. Der Gastprediger zeigt erst einen Korkenzieher, dann Kondome und bittet seine Begleitung anschließend ins Hotelzimmer. Mach nur weiter so, du Depp!

Die Moral dieser absolut wahren Geschichte? Es gibt keine. Ich hab mir nur gedacht, dass meine Leser diese meine ungeheure Dummheit genießen würden. Wenn Gott ein Spatzenhirn wie mich gebrauchen kann, dann hat er sicher Verwendung für jeden ...

Und die Kirchensekretärin, der ich unabsichtlich ein unmoralisches Angebot gemacht hatte? Die lacht immer noch.

Bitte keinen Sex, wir sind Christen!

Sie haben die Wahl zwischen leidenschaftlichem Sex und einem netten Schokoladenvollkornkeks – bitte wählen Sie jetzt.

Solcher Art war das peinliche Dilemma, das ein mir befreundeter Evangelist erlebte. Seine Frau und er waren bei seinen Schwiegereltern zu Gast. Da die Betten knapp waren, schliefen sie auf dem Wohnzimmerboden. Das ging ganz gut, bis ihnen dummerweise der Gedanke kam, ein wonniges Schäferstündchen einzulegen. Es war früh am Samstagmorgen, und sie nahmen irrtümlich an, dass alle anderen im Haus noch schliefen. Weit gefehlt!

Es lief alles sehr gut, bis der Schwiegervater unangekündigt mitten im Koitus mit der Teekanne auf dem Tablett eintrat. Leider waren die Vorgänge bereits so weit gediehen, dass sich nichts mehr rückgängig machen ließ, und daher stand der unglückliche Papa wie vom Donner gerührt da, während sich vor seinen Augen die Erde bewegte. Zehn Sekunden später, nach dem Abklingen des Feuerwerks, stellte der Herr Papa die nahe liegende Frage: „Hättet ihr gern einen Schokokeks zum Tee?“

Wie mein Freund berichtete, wurde der Zwischenfall niemals auch nur mit einem Wort erwähnt. Wie die meisten von uns, die sich nicht eingestehen wollen, dass unsere Eltern sich jemals sexuell betätigten, auch nicht zum Zwecke unserer Zeugung, wollte auch dieser Schwiegervater lieber so tun, als ob es die Episode nie gegeben hätte.

Als ich Christ wurde, war die Kirche anscheinend in eine ganz ähnliche Verschwörung zum Verschweigen des Themas Sex verstrickt. Nicht, dass man bei diesem Thema die Stirn runzelte; man tat einfach so, als gebe es das nicht. Ich weiß noch, wie ich mir am Sonntagmorgen während einer ziemlich langweiligen Predigt den Gastprediger anschaute und mich fragte, wie er wohl zu seinen Kindern gekommen war. Seine Frau spielte die Orgel und trug einen so riesigen Hut, dass er quasi eine totale Sonnenfinsternis auslöste. Mir kamen ziemlich lästerliche Fragen in den Sinn. Ob sie wohl auch ohne Zeugungsgedanken miteinander schliefen? Machte es ihnen am Ende gar Spaß? Setzte sie dabei wohl ihren Hut ab?

Einmal im Jahr hielt unser Jugendleiter, ein prima Kerl, pflichtgemäß eine kleine Ansprache zum Thema Sex. Allerdings brauchte man eigentlich die Gabe der Auslegung, eine Art Legende zur Straßenkarte, um zu wissen, worum es dabei genau ging. Die Botschaft steckte zwischen den Zeilen, war aber eindeutig: Gute, verheiratete Menschen haben wahrscheinlich Sex, aber vorwiegend, um Babys zu machen, und sie interessieren sich viel mehr dafür, die Bibel zweimal pro Woche komplett durchzulesen, als sich irdischen Leidenschaften hinzugeben. Vielleicht war es ein ferner Abklatsch der Kirchenlehre des Mittelalters, wonach der Heilige Geist während des Geschlechtsverkehrs das Schlafzimmer verlasse und erst nach dem Vollzug wieder zurückkehrte. Das stelle ich mir komisch vor:

„Hat es dir Spaß gemacht, Schatz?"

„Ja, aber sprich nicht drüber ... *er* ist wieder da."

So schlimm war es dann aber auch wieder nicht. Es herrschte ein erfrischender Mangel an schlüpfrigen Andeutungen in unseren Gesprächen. Natürlich ging ein reichliches Maß an Naivität damit einher, und manchmal fragte ich mich, was die Besucher der Gemeinde wohl aus unseren unschuldigen Bemerkungen machten. Wie an dem einen Tag, als der Anbetungsleiter aufstand und verkündete: „Na kommt, meine Damen, lasst mich mal bei euch mitspielen." Ich bin sicher, dass ein paar von den älteren Herrschaften „Geschlechtsverkehr" wahrscheinlich für ein neuartiges Brettspiel hielten.

Das alles vermittelte mir eine leicht misstrauische Einstellung zum Thema Sex. Als ich kurz vor meiner Hochzeit stand, legte ich das Stichwort „Sex“ unbewusst in der gleichen Kategorie ab wie „Golf“ – macht wahrscheinlich richtig Spaß, wenn man es gut beherrscht, könnte peinlich werden, wenn nicht, hatte aber mit meinem geistlichen Leben nichts zu tun.

Und so nahte unsere Hochzeitsnacht. Kay und ich brachen zu unserem Flitterwochen-Ferienhaus auf und waren bewaffnet mit *The Act of Marriage* (deutsch: „Wie schön ist es mit dir“, Gerth Medien 1999), dem schockierendsten und radikalsten Handbuch, das zwei junge christliche Dinger wie wir kriegen konnten. Trotz der Tatsache, dass wir erst um drei Uhr morgens endlich am Ferienhaus ankamen, beharrte ich auf einem ausgiebigen Bibelstudium und einer ausgedehnten Gebetszeit vor dem Schlafengehen (im Gebet ging es durchaus nicht um „das, was wir nun empfangen werden ...“). Wir wachten am nächsten Morgen um 8.00 Uhr auf und gingen dann zur nächsten Kirche, wo ich vor 45 grinsenden Gottesdienstbesuchern bezeugen durfte, wie Gott mein Leben als frisch gebackener Ehemann segnete. Wir tranken mit dem Pastor Tee und gingen am Abend wiederum in die Kirche. Unsere Flitterwochen waren erfüllt von leidenschaftlichen, lustvollen ... Kirchenliedern. Anscheinend meinten wir, unsere taumelnden Schritte ins Land des Eros mit einem Eintrag ins Guinness-Buch der Rekorde (Häufigkeit von Kirchenbesuchen) heiligen zu müssen.

Da leiste ich mir doch einen Seufzer der Erleichterung, wenn ich erlebe, wie frei und offen 20 Jahre später in der Gemeinde über Sex geredet wird. Ich bin hocherfreut, dass christliche Paare heutzutage zu einer vernünftigen vorehelichen Beratung gehen können, zu der Gespräche über Gleitcreme und Kondome gehören, sowie zu Nachbesprechungen, um darüber reden zu können, wie es so läuft. Es ist nichts Ungewöhnliches, wenn in unserer Kirche die Mitarbeiter für Ehevorbereitung einen Anruf von einem Paar in den Flitterwochen bekommen, das auf die Schnelle einen

Rat braucht – und warum auch nicht? Wir brauchen aber mehr als Deutlichkeit, Unterweisung und Offenheit. Es ist unbedingt nötig, dass wir ein positives Gegenbeispiel zur total unrealistischen Darstellung von Sex in den Boulevardblättern und Illustrierten liefern: Hier wird die Vorstellung verbreitet, dass unser Land der reinste Umschlagplatz von höchst athletischen Körpern ist, die sich Nacht für Nacht Supersex liefern. Das stimmt einfach nicht!

Im Magazin *Big Issue* stand neulich ein herrlicher Bericht über die sexuelle Realität. Anscheinend hat sich ein unglücklicher Brasilianer namens Carlo Paia einem operativen Eingriff unterzogen, bei dem ihm an strategisch wichtiger Stelle ein Erektionsimplantat eingesetzt wurde. Doch funktionierte es nicht ganz so wie geplant. Das angeblich geniale Teil trat immer dann sofort in Aktion, wenn jemand in der Wohnung ein elektrisches Haushaltsgerät einschaltete. Der arme Kerl geriet in qualvolle Schwierigkeiten, wenn seine Frau sich mit dem Mixer einen Milchshake machen wollte. Der Mixer wurde hastig abgeschaltet, wonach sich für eine Weile Frieden und Ruhe einstellten, bis Herrn Paias Handy klingelte: das gleiche knallharte Ergebnis. Als einziges Mittel blieb nur übrig, den Strom im ganzen Haus abzuschalten – aber nicht mal das half seinem Problem ab. Herr Paia lamentierte: „Das eine Mal saß ich im Dunkeln und hatte eine Tüte Eiscreme auf dem Schoß. Plötzlich schalteten unsere Nachbarn den Fernseher ein, weil sie das *Glücksrad* gucken wollten, und meine Hose explodierte."

Doch lieber einen Schokoladenvollkornkeks?

Beziehungen

Ein Hoch auf Sue!

„Ich fühle mich wirklich verletzt!"

Hätte ich jedes Mal, wenn ich einen Christen mit dieser Klage hören musste, eine Münze bekommen, wäre ich schon steinreich. Manche Gläubige haben eine riesige Kapazität für Verletzungen. Es handelt sich um die Leute, die von allen als „empfindlich", „unangenehm" oder „schwierig" beschrieben werden. Stets vernimmt man das Knirschen von zerbrochenem Porzellan, wenn man in ihre Nähe kommt. Es gehört nicht viel dazu, sie zu ärgern.

Vor kurzem hatte ich mit vier Menschen zu tun, die hinsichtlich ihrer Verletzlichkeit den „schwarzen Gürtel" erlangt hatten. Es waren ältere Damen, die sich so sehr über mich ärgerten, dass sie die Versammlung am Sonntagabend schon lautstark verließen, bevor ich überhaupt mit der Predigt anfangen konnte. Mir war aufgefallen, dass laut gemurmelt und geschnieft wurde und die Augen sich verengten. Schließlich kam der stolze Abmarsch der Viererbande. Warum nun dieser vierfache Abgang? Später erfuhr ich, was meine Sünde gewesen war: Ich hatte die Versammlung dazu aufgefordert, sich vor der Predigt etwas Zeit zu nehmen, einander zu begrüßen. Anscheinend kam bei dieser speziellen Kirche eine Begrüßung nicht im Gemeindekonzept vor, daher also der erregte Aufbruch. Der Pastor war ein warmherziger, mitfühlender Hirte, dem es ein Anliegen war, die im Rückzug befindlichen Schwestern zu besuchen, um sie wieder der Herde zuzuführen. Ich bewundere ihn. Mir war eher nach Döner mit Lammfleisch und reichlich Knoblauchsauce. Solche gar zu verletzlichen Mitmenschen langweilen mich.

Sue, eine Dame, auf die ich neulich gestoßen bin, hätte jedes Recht gehabt, die Miene der Verletzten aufzusetzen: Schmolllippen, Augen zu Boden gerichtet, aus allen Poren wütend. Diesen Weg aber schlug sie nicht ein. Sie entschied sich zu lachen.

Am Sonntagmorgen kam Sue in unsere Gemeinde in Chichester. Ich hatte es eilig und achtete nicht darauf, dass sie etwas vor sich her schob, während sie sich durch die eichene Doppeltür manövrierte. Sue war schwanger, hochschwanger. In den letzten neun Monaten hatte sie so sehr zugelegt, dass sie dem Michelin-Männchen verdächtig ähnlich sah. Ich eilte also hinter ihr her, warf kurz einen Blick auf ihren immer noch beträchtlichen Umfang, und dann kamen schon die Worte herausgepurzelt, bevor mein Gehirn Zeit hatte, ihnen Einhalt zu gebieten.

„Na, Sue, immer noch kein Baby?"

Sie blieb im Durchgang stehen, so verblüfft war sie über meine schiere Dummheit. „Jeff, eigentlich habe ich das Baby letzte Woche bekommen. Deshalb schiebe ich diesen Kinderwagen hier, ob du es glaubst oder nicht." Ihre Augen funkelten vor jener Freude, die immer dann ausbricht, wenn man auf einen wahrhaften und echten Dummkopf wie mich stößt. In ihrer Stimme jedoch klang weder Bosheit noch Gereiztheit mit.

„Tut mir so Leid, Sue ... Ich meine, äh, herzlichen Glückwunsch, aber du wirkst einfach noch so, äh ..."

„Dick", sagte Sue, um meinen misslungenen Satz zu vollenden. Verschreckt forschte ich nach einem Stück Boden, in den ich hätte versinken können.

„Ach, äh ... tut mir echt Leid ... auf jeden Fall ist er gelungen! Er sieht wunderschön aus!“, sprudelte ich hervor und betete dabei zu Gott, das Bündel vor mir möge ein Junge sein. Wenigstens hier blieb mir der nächste Fettnapf erspart.

Sue hätte sich ärgern oder gallebitter reagieren, sich zumindest ein wenig über meine Dummheit aufregen können – aber ganz im Gegenteil. Sie lachte mich nicht mal aus, sie lachte mit mir.

Als ich sie das nächste Mal in der Kirche antraf, fragte sie, ob es mir gut gehe. „Ich hätte dich nachmittags fast angerufen“, sagte sie lächelnd. „Ich hab mir Sorgen gemacht, dass du dir den Kopf zerbrichst wegen deiner Bemerkung. Das wäre überhaupt nicht nötig gewesen.“

Sie reagierte auf meine Gedankenlosigkeit mit Güte. Verletztsein gehört nicht zu ihren Hobbys. Ein Hoch auf Sue!

Tut mir Leid!

Der Mann auf dem Platz neben mir im Flugzeug kaute Tabak und spuckte den Saft in einen Becher. Ich bin ein ziemlich toleranter Mensch, aber als wieder mal so ein Schuss gelblicher Spucke auf das Plastik traf, kam mir der Gedanke, dass solche Praktiken zum Kapitalverbrechen erklärt werden müssten, und als Strafe dafür der Strang, das Streckbett und die Vierteilung in Frage kommen sollten – dazu Daumenschrauben.

Ich stöhnte. Mein spuckender Mitpassagier war außerdem auch noch stockschwul. Entweder das, oder er hatte Liberace als Gesangslehrer. Noch einmal stöhnte ich – diesmal tief und maskulin.

Er machte eine Pause, und der Plastikbecher hatte erst einmal Ruhe. Dann sprach er, anscheinend mit mir. Wir hatten einander noch nicht vorgestellt. „Das erste Mal in Denver?"

Im Stillen ging ich blitzschnell 20 Antworten durch, darunter eine ausführliche Stellungnahme, dass ich den männlichen Körper noch nie auch nur annähernd attraktiv gefunden habe, dass ich meine Frau liebe, dass ich zwar keinen einzigen homophoben Knochen im Leibe habe, aber nie auch nur im Traum daran denke, zu „YMCA" zu tanzen. Nein, ich sei bereits in Denver gewesen und hätte auch keine besondere Schwäche für die Musik von Boy George.

„Nein, ich war schon in Denver", lächelte ich – nicht besonders herzlich. „Und ich fliege oft über Denver nach Colorado Springs."

Er spuckte wieder, diesmal noch hingebungsvoller. Ich hatte anscheinend etwas ganz Falsches gesagt. Seine Nüstern blähten sich, die Augen blitzten. Er erklärte, dass er Colorado Springs hasse, weil es voll von rechtskonservativen Christen stecke, lauter eingeschworene, lautstarke Feinde seines Lebensstils. Krampfhaft sah ich mich mit einem Auge nach dem Notausstieg um. Dieser Mann hatte keine Ahnung, dass er direkt neben einem Christen saß, und dann auch noch einem in Leitungsfunktion. Das konnte heikel werden.

Ich hörte mit wachsender Unruhe zu, wie er mir von seiner „Enttaufung" erzählte: Ein selbst erfundenes Ritual, mit dem er feierlich jede Verbindung zu Gott und der Kirche widerrief. In seiner Kindheit, fuhr er fort, sei ihm der Katholizismus gnadenlos eingebläut worden. Und dann kam die Frage, die ich befürchtet hatte:

„So sieht's also aus. Was machen Sie denn beruflich?"

Ich hüstelte nervös und dachte schon ans Lügen, aber mir fiel so schnell kein Beruf ein. „Ich ... ich bin Pastor. Von der christlichen Sorte."

Langes Schweigen seinerseits. Die Augen wurden schmal, die Lippen spitz. Schließlich sagte er: „Pastor also?

Ha! Wahrscheinlich stecken Sie mit den Rechtskonservativen unter einer Decke."

Wiederum dachte ich fieberhaft nach. Schon schwebten mir mögliche Ansprachen vor: dass Jesus die Sünder liebt und die Sünde hasst, Texte aus dem Römerbrief, mahnende Hinweise auf AIDS, Tod und Hölle. Aber irgendwie war das alles unpassend.

Also erklärte ich einfach ganz ruhig, warum ich Jesus nachfolgte. Ich sagte, dass Jesus uns allen zum Thema Sexualität einiges mitzuteilen hätte – nicht nur zur Homosexualität. Vor allem aber entschuldigte ich mich. Ich wollte diesem Mann deutlich machen, dass ich mich für Fernsehevangelisten schäme, die sich geifernd über bestimmte Typen von Sünden hermachen, selbst aber andere, genauso schlimme pflegen. Ich entschuldigte mich, weil ich glaube, dass die Kirche allzu oft gegen die Homosexuellen Stellung bezieht, statt sich um sie zu kümmern. Ich sagte, dass mir das Leid tue.

Er machte große Augen, und ich dachte schon, dass ihm gleich die Tränen kämen. Aber dann lächelte er breit und warmherzig und legte seine Hände wie zum Gebet zusammen.

„Jeff, danke für Ihre Worte. Das stimmt mich demütig. Sie sollen wissen, dass ich sehr wohl merke, dass Jesus der Mittelpunkt Ihres ganzen Wesens ist. Noch einmal, ich danke Ihnen."

Bemerkenswert ist, dass damit eine gute Freundschaft anfing. Er schrieb mir seine Adresse auf und fragte, ob Kay und ich Lust hätten, in Denver mit ihm zu Abend zu essen. Drei Tage danach kam er in unser Hotel und brachte der ganzen Familie Ehrenkarten für das Baseballspiel der Colorado Rockies mit.

Jede Menge Argwohn und Feindseligkeit waren durch ein paar einfache, aber herzliche Worte des Bedauerns wie fortgeblasen. Alles das hat mit einem „Tut mir Leid" angefangen.

Genug der Worte

Die Konferenz lief wie am Schnürchen – meine Ansprache am Eröffnungsabend war gut angekommen. Mit federnden Schritten hüpfte ich die Hoteltreppen hinunter, immer zwei Stufen auf einmal, und steuerte auf die übervolle Lobby zu. Gerade noch Zeit für einen Kaffee vor der ersten Sitzung des Tages. Plötzlich erklang eine Stimme vom Treppenabsatz über mir. Zwei Damen, Delegierte der Konferenz, hatten mich entdeckt und wollten mir den Morgen mit ein paar aufmunternden Worten versüßen, was mir immer willkommen ist. Ihre Wortwahl aber verursachte einen ziemlichen Wirbel in der Lobby.

„Jeff ... halloooo ... warte mal!"

Ich blieb auf der letzten Stufe stehen und schaute auf. Sie beugten sich über das Geländer, die Gesichter strahlend. „Jeff, wir beide wollten dir nur danke sagen ... VIELEN, VIELEN Dank für den letzten Abend ..."

Das Gewimmel in der Lobby stockte augenblicklich, genau wie ich. Alles blickte interessiert auf die Röte, die in meinem Gesicht aufstieg.

„Du warst gestern Abend ABSOLUT FANTASTISCH ..."

Die Menge schwankte zwischen Amüsiertheit und kaum verhohlener Bewunderung.

„Ja, da sind wir beide uns einig – wir haben seit Jahren nicht mehr so viel Spaß gehabt und sind trotzdem auch auf einer tieferen Ebene auf unsere Kosten gekommen."

Ich versuchte, dankbar zu reagieren, doch wegen akuter Verlegenheit entrang sich meiner Kehle nur ein kieksendes Geräusch, das eher zu einem strangulierten Hähnchen passte. Mit gesenktem Kopf eilte ich aus der belebten Lobby und mied die Blicke der anderen Gäste, von denen mich wohl einige als verkommenes Subjekt betrachteten. Andere wiederum hätten mir vielleicht herzlich auf die Schulter klopfen und mich nach dem Geheimnis meines Erfolges fragen wollen.

Etwas ähnlich Peinliches passierte vor ein paar Wochen bei bereits erwähntem Spring Harvest. Eine freundliche ältere Dame eilte nach dem Seminar auf mich zu.

„Mir hat dieses Seminar gefallen, Jeff. Hältst du heute Abend einen Vortrag?“

Ich verneinte. Steve Chalke werde abends an der Reihe sein.

„Oooooh, das ist ja noch besser!“, erwiderte mein ehemaliger Fan.

Und als das „noch besser“ über ihre Lippen kam, schlugen ihre Augen schon Alarm, als seien sie sich bewusst, dass es mit der Wortwahl nicht zum Besten stand, als wollten sie erschrocken abfangen, was der Mund herausschleuderte ... ach, zu spät.

Ich weiß gar nicht mehr, wie oft ich mir schon gewünscht habe, ich hätte lieber für eine winzige Sekunde Halt gemacht, bevor ich mit meinem Gedanken herausplatzte. „Sich Zeit lassen, bevor man redet“ – das ist die biblische Beschreibung des Christen, der das Hirn betätigt, bevor er dem Mund freie Bahn lässt. Ein paar Sekunden Abwägen und Nachdenken können uns stundenlange Schuldzuweisungen und Entschuldigungen ersparen.

Daher schließe ich mit einer feierlichen Entschuldigung an die Dame, die ich bei einem Krankenhausbesuch kennen gelernt habe. Sie besuchte die gleiche Person wie ich und lächelte, als ich mich vorstellte.

„Sie müssen die Mutter der Patientin sein“, erklärte ich selbstsicher und reichte ihr die Hand.

Das freundliche Lächeln schwand und machte einem eisigen Blick Platz, so eisig, dass er die Titanic hätte versenken können. „Nein ... ich bin ihre Schwester.“

Genug der Worte.

Der anonyme Brief

Kaum zu glauben, aber anonyme Briefe werden in manchen Kirchen häufig als Kommunikationsmittel verwendet. Verstimmte und beleidigte Mitglieder der Gemeinde verleihen ihrem Ärger über Pastoren und Gemeindeleitung per Versand eines Schreibens ohne Namen Ausdruck. Der verdeckten Identität des Schreibers ist der geliehene Mut zu verdanken, den man braucht, um das tödlichste Gift zu Papier zu bringen. Ordinäre Vorwürfe, voreilige Schlussfolgerungen und boshafte Anspielungen wetteifern miteinander. Letzten Endes wirkt ein solcher Brief auf den Empfänger zerstörend: Man wird gleichsam von einer beziehungsmäßigen Luft-Boden-Rakete getroffen, die unverhofft aus dem Dunkel kommt. In Sekunden ist alles Selbstvertrauen, die Gewissheit der eigenen Berufung und möglicherweise die ganze Zukunft des „Getroffenen“ vernichtet.

Leider ist diese Methode nicht neu. Der berühmte Evangelist Dwight L. Moody bekam einmal so einen Giftbrief, während er gerade predigte. Irgendjemandem in der Versammlung dort war anscheinend der Boden unter den Füßen zu heiß geworden. Also kritzelte er hastig etwas auf seinen Zettel und reichte den einem Ordner, der ihn zur Kanzel brachte. Auf dem zusammengefalteten Zettel stand Moodys Name. Daraus schloss der unglückliche Ordner, dass Mr. Moody die Nachricht sofort erhalten solle. Moody nahm den Zettel, faltete ihn sorgfältig auf und las die kurze Mitteilung.

Auf dem Blatt stand als einziges Wort: „Dummkopf.“

Moody seufzte, faltete das Blatt zusammen und machte dazu eine Bemerkung. „Mir ist gerade ein höchst ungewöhnlicher Brief von jemandem aus der Versammlung geschickt worden“, sagte er zu der verwunderten Zuhörerschaft. „Dies hier ist sehr interessant. Mir werden oft Briefe geschickt, in denen zwar ein Text steht, aber der Absender weggelassen wurde. Bei dem heutigen Brief hat der Absender den Text selbst ausgelassen und dafür seinen Namen genannt: ‚Dummkopf'!"

Dann fuhr Moody seelenruhig mit der Predigt fort.

Ich erlebte die Macht des anonymen Briefes, während Kay und ich als Mitarbeiter einer Kirche in Oregon angestellt waren. Nach gut anderthalb Jahren als Teil des Teams hatten wir den Eindruck, wir sollten unseren Dienst ausweiten und als Bibellehrer von Kirche zu Kirche reisen. Der Gemeinde wurde per Ankündigung mitgeteilt, dass wir gekündigt hätten und bald abreisen würden. Danach wurde ein „Brief" an den Hauptpastor und alle Diakone geschickt, aber natürlich bekamen Kay und ich vom anonymen Schreiber keine Kopie. Darin wurde unterstellt, der Hauptpastor sei neidisch auf das herzliche Verhältnis der Gemeinde zu uns, werde angesichts dieser Beliebtheit nervös und habe uns zur Kündigung gezwungen. Man treibe uns skrupellos aus der Stadt, wurde im Brief mit der Autorität eines Eingeweihten erklärt. Der Hauptpastor war angesichts dieser skandalösen und absolut unwahren Unterstellung tief erschüttert und natürlich besorgt. Ich bat ihn um die Erlaubnis, auf meine Art mit dem Problem umzugehen.

Es war unser letzter Sonntag in der Kirche, mein Abschiedsgottesdienst, und ich hielt meine letzte Predigt. Der Saal war voll besetzt. Zeit für einen erlösenden Scherz.

„Bevor ich schließe, möchte ich euch mitteilen, dass der Hauptpastor und die Diakone der Kirche jeweils ein Exemplar eines Briefes ohne Absenderangabe bekommen haben, in dem sie beschuldigt werden, Kay und mich schlecht zu behandeln. Es wird unterstellt, wir würden – ich zitiere: ‚skrupellos aus der Stadt getrieben'."

Ich machte eine Pause. Die Spannung ließ die Luft spürbar knistern. Ich schaute mich nach John um, dem Hauptpastor, der auf seinem Platz auf dem Podium hin und her rutschte. Ich fuhr fort.

„Ich habe mich entschlossen, heute endlich einmal die ungeschönten Fakten über den Hauptpastor dieser Kirche und auch über seine Diakone auszusprechen. Was soll's, es ist mein letzter Sonntag hier, und ich habe nichts zu verlieren – im Moment habe ich auch das Mikrophon in der Hand –, warum also nicht loslegen und euch allen reinen Wein über die Leute hier einschenken ..."

Die Spannung steigerte sich. Ich wollte den Augenblick voll auskosten, trat von der Kanzel zurück und stellte mich neben John. Ich legte ihm die Hand auf die Schulter und sagte: „Lasst mich mal über diesen Mann auspacken. Wie gesagt, was habe ich jetzt noch zu verlieren? Voller Einsatz!"

John sah mich an wie ein gehetztes Tier. Auf seiner Stirn standen Schweißperlen. Ich musste es hinter mich bringen, und sei es nur, um den armen John aus seinem Elend zu erlösen.

„Dieser Mann hat nichts getan – ich wiederhole, nichts – außer mich, meine Familie und meinen Dienst wieder und wieder zu segnen, uns mit Freundlichkeit zu überschütten, zu ermutigen und zu helfen. Er und die Diakone dieser Kirche haben absolut alles in ihrer Macht Stehende getan, um mich zu unterstützen. Ich stehe tief in ihrer Schuld. Deshalb möchte ich dem Schreiber des anonymen Briefes mit seiner lächerlichen Verschwörungstheorie, wer immer er auch sei, zwei Dinge mitteilen. Erstens sollten Sie die Fakten überprüfen, denn noch schlimmer hätten Sie nicht daneben liegen können. Und zweitens sollten Sie beim nächsten Mal, wenn Sie den Stift zur Hand nehmen, so viel moralisches Rückgrat beweisen, am Ende des Textes Ihre Unterschrift zu hinterlassen. Ein Brief ohne Namen ist die Zeit nicht wert, die man zum Lesen braucht. Er ist ein Stück Feigheit. Wer auch immer den Brief geschrieben hat, dem gilt laut und deutlich meine Mahnung: Sie sollten dringend Buße tun!"

Ich setzte mich hin, und die Versammlung erhob sich zu einer stehenden Ovation, nicht für mich, sondern als Botschaft der Liebe für John und das Team der Diakone, die mit ihm ihren Dienst versahen. Ich sah zu, wie die Menge jubelte und schrie und die Bibeln in der Luft schwenkte. Doch mir war klar, dass irgendjemand irgendwo da draußen in der Menge saß, der der Autor des anonymen Briefes war ...

Ein Freund in Not

Es war in jeder Hinsicht ein finsterer Tag. Das aufmerksame Krankenhauspersonal hatte die Lichter des kleinen Privatzimmers gedämpft, in dem mein Vater im Sterben lag. Die grellen Neonleuchten waren verbannt und durch eine weichere, wärmere Lampe ersetzt worden – ein Licht, bei dem man sterben kann. Ich war auf die kargen Worte hin ins Krankenhaus geeilt, die so viel sagen: „Kommen Sie bitte so schnell wie möglich."

Meine Mutter saß an seiner Seite, hielt ihm die Hand, flüsterte ihm beruhigende Worte zu. Diese Szene hatte ich mir während langer Nächte ohne Schlaf schon seit Monaten ausgemalt. Es war nicht der Tod meines Vaters, vor dem ich Angst hatte: Ich wusste, dass er seinen Frieden mit Gott gemacht hatte. Nach jahrelangem stillen Wüten gegen Gott, die Folge einer verlorenen Jugend in deutschen Kriegsgefangenenlagern, nach allem, was er sich dort in langen Jahren täglich hatte ansehen und anhören müssen, war er auf die Botschaft eingegangen, dass es dennoch einen Gott gibt, der sich um ihn kümmert.

In einem langen heißen Sommer in Amerika hatte mein Vater schließlich Jesus sein Leben anvertraut. An diesem

Abend war er mit mir gekommen, als ich in Oregon einen Predigttermin hatte. Ich erinnere mich noch gut an meine Freude, auf die Empore zeigen und der Versammlung verkünden zu können: „Das ist mein Vater. Er ist heute Christ geworden." Alles klatschte, jubelte und trampelte, und er stand auf und winkte wie jemand aus der Königsfamilie. Es war ein glücklicher Tag.

Dann aber traf der Schlaganfall sein Gehirn und raubte ihm die Sprache. Er war zum Gefangenen in seinem eigenen Körper geworden: Noch völlig klar bei Sinnen, doch zu der frustrierenden, dauerhaften Erfahrung verurteilt, dass er sich überhaupt nicht mehr verständigen konnte, es sei denn durch unartikulierte Laute und wedelnde Handbewegungen. Ein grausames Schicksal für einen Mann, dem im Leben nichts wichtiger gewesen war als Kommunikation. Doch wie die Gefangenschaft in seiner Jugend ertrug er das Zurückgeworfensein in die Isolation mit tapferer Würde.

Der letzte Schlag kam, als man uns sagte, dass er an einem Emphysem sterben werde, bei dem sich die Lungen langsam mit Flüssigkeit füllen. Das war es, was mir den Schlaf raubte. Ich bat Gott, meinen Vater in Frieden sterben zu lassen. Dieser Mann hatte zwei lange Gefängnisstrafen hinter sich; sozusagen langsam zu sterben war eine Qual, die über mein Vorstellungsvermögen ging.

Mein Vater lag unter Morphium im Koma, und sofort, als ich ihn sah, wusste ich, dass es nicht mehr lange dauern würde. Meine Mutter ging an die frische Luft, eine wohlverdiente Pause für ein paar Minuten, und ich setzte mich still hin und hielt meinem Vater die Hand. Dabei erinnerte ich mich an einen ganz besonderen Abend vor ein paar Jahren.

Als ich damals bei meinen Eltern übernachtete, geschah etwas Unvergessliches. Ich lag schon im Bett – es war nach elf Uhr –, als ich es an der Tür klopfen hörte. Das unverständliche Gemurmel hinter der Tür verriet mir, dass es mein

Vater war. Obwohl ihm der Schlaganfall die Sprache geraubt hatte, versuchte er es immer wieder. Ich bat ihn ins Zimmer, fragte mich aber, was er wohl vorhatte.

Nie werde ich den Moment vergessen, als Dad an die Seite meines Bettes trat, niederkniete und dann langsam und sorgfältig die Bettdecke um mich feststeckte, ganz wie damals, als ich noch klein war. Er schob mir eine Haarsträhne aus der Stirn, küsste mich auf die Wange und ging wieder. Er konnte nicht sprechen, doch drückte er damit auf beredte Weise seine Liebe und Fürsorge für mich aus. Ich erinnere mich, dass ich, ein Mann mit fast schon erwachsenen Kindern, noch lange wach lag und mich warm, sicher und geliebt fühlte.

Jetzt, im Wissen, dass mein Vater seinen letzten Kampf führte, nur Stunden vor seinem Tod, wusste ich, dass es an der Zeit war, die erwiesene Ehre zurückzugeben. Ich werde nie erfahren, ob er mich verstand, doch flüsterte ich in sein Ohr: „Dad, ich bin's, Jeff. Ich hab dich so lieb. Bald wirst du bei Jesus sein. Jetzt geht es dir sicher nicht gut, aber du bist in Sicherheit. Ich decke dich zu.“ Ich nahm die Krankenhausdecke und das frische weiße Laken, stopfte beides unter der Matratze fest und hoffte, dass mein Vater es merkte.

Ein paar Stunden später war der Abschied gekommen. Mein Vater hatte immer Witze gemacht und gern gelacht, und jetzt ließ er uns auch im Sterben noch Rätselraten. Die Krankenschwester suchte nach seinem Puls und fand keinen. „Er ist entschlafen“, erklärte sie feierlich, aber warmherzig. „Nein, doch nicht, der Puls ist wieder da ... *jetzt* ist er weg ... nein, wieder da.“

Sie wartete ein, zwei Minuten ab, weil sie uns diese Achterbahnfahrt nicht zumuten wollte. Schließlich meldete sie sich wieder zu Wort. „Ja, jetzt ist er entschlafen.“

Diesmal blieb es dabei.

Mama und ich brachen in Tränen aus. Als ich mich zu Dad

hinabbeugte, um seine noch warme Stirn zu küssen, klingelte das Telefon auf dem Nachttisch. Wer konnte das sein?

Die Schwester hob ab und sagte, es sei für mich. Ein Dr. Chris Edwardson aus Amerika wolle mich sprechen.

Chris und Jeanne Edwardson sind unsere besten Freunde. Jahrelang sind wir als Familien gemeinsam in Urlaub gefahren. Chris ist mein engster Vertrauter. Ich nahm den Hörer.

„Jeff, hier ist Chris. Hör mal, ich bin gerade in Kanada mit dem Auto unterwegs, aber Gott hat zu mir gesprochen und gesagt, ich sollte dich aufspüren, weil du auf meinen Anruf angewiesen seist. Was gibt es denn?"

Ich erzählte meinem Freund, mein Vater sei vor einer halben Minute gestorben, und ich sitze jetzt gerade neben ihm.

„Jeff, deshalb also hat Gott mich gebeten, dich anzurufen. Ach, Jeff, ich fühle mit dir. Dein Vater ist jetzt bei Jesus. Ich bete für dich, und Jeanne und ich kommen dich in ein paar Tagen besuchen."

Ich legte auf. Erstaunlich! Gerade befand ich mich in einem der schmerzlichsten Momente meines Lebens. Oft hatte ich Chris zu Rate gezogen und ihm Fragen über den Gesundheitszustand meines Vaters gestellt, gerade über das Emphysem. Und jetzt schenkte Gott mir die Gnade, dass er aus der anderen Hälfte der Welt genau in dem Moment anrief, als ich Beistand am dringendsten nötig hatte.

Ich hatte meinem Vater die Bettdecke festgesteckt. Und jetzt stellte sich bei mir eine ganz ähnliche Wärme und Sicherheit ein, als ich den unglaublichen Segen einer echten Freundschaft verspürte.

Gott ist nett!

Der Tod

Von jetzt an bis in Ewigkeit

Das Auto war eine alte Rostlaube, die anscheinend nur noch von verblichenen Aufklebern zusammengehalten wurde. Auf einem war zu lesen: „Mein Boss ist ein jüdischer Zimmermann". Mir ging ein absurdes Bild durch den Kopf, wie der Erlöser aus Nazareth zur rechten Hand des Vaters sitzt und fleißig Sofatische herstellt, die im Sonderangebot verhökert werden. Ein noch älterer Sticker forderte die Verkehrsteilnehmer auf: „Hupe, wenn du Christ bist", während ein anderer die nächsten Huper freundlich ermahnte: „Nur Geduld, Gott ist mit mir noch nicht fertig".

Dann aber der nützlichste aller Aufkleber: „Im Falle einer Entrückung ist dieses Auto ohne Fahrer". Sehr hilfreicher Hinweis. Wer nach dem zweiten Erscheinen Jesu hier unten zurückbleibt, kratzt sich vielleicht ratlos am Kopf, weil er nicht weiß, warum Millionen von Menschen plötzlich vom Planeten verschwunden sind. Aber wenigstens kann er sich erklären, warum dieses Auto führerlos war. Hmmm.

Ein wohlvertrautes, irritiertes Gefühl stieg irgendwo in mir auf. Ich runzelte die Stirn und fühlte mich veranlasst, einen Kommentar der erlesenen Sorte über Christen loszuwerden, die weit über dieser Erde schweben, während ich mein eigenes aufkleberfreies Auto an der sprücheklopfenden Rostlaube vorbeilenkte. Es war die gleiche Frustration, die schon Tage vorher aufgekommen war, als ich an einer Kirche in Tulsa, Oklahoma, vorbei fuhr. Wenn die Südstaaten der USA als „Bibelgürtel" gelten, dann ist Tulsa die Gürtelschnalle. Tausende von Kirchen säumen die Straßen der Stadt, und an den meisten davon stehen riesige Werbetafeln. Besonders eine hat mich wirklich verstimmt. Die Stadt hatte eine Hitzewelle durchstehen müssen. Viele alte Menschen waren sogar an Kreislaufschwäche gestorben. Diese Kirche hatte ihre Tafel so beschriftet: „Wenn du glaubst, dass es hier heiß ist, dann warte mal ab ..."

„So viel zum Thema Gute Nachricht", murmelte ich mit einem maßvollen Überlegenheitsgefühl und gab meiner Familie wieder einmal eine Kurzpredigt über Christen zum Besten, die ihren Kopf so weit im Himmel tragen, dass sie auf der Erde nichts mehr mitbekommen. Ich musste leise kichern, als ich einen auffallend nichtchristlichen Sticker mit der Botschaft sah: „Jesus kommt wieder – tu so, als ob du schon was vorhast."

Ich geb's ja zu. Ich habe diese Christen satt, die offensichtlich glauben, dass es kein Leben vor dem Tod gibt. Aber dann lernte ich auf dem Weg nach Redding in Kalifornien Paul und Margaret kennen, ein Ehepaar mit dem Himmel im Herzen. Ihr Auto ist so wie meines ohne Aufkleber. Wir waren gemeinsam in dieser klischeefreien Zone unterwegs, als ich eine ganz unschuldige Frage stellte, eigentlich nur zum Zwecke höflicher Konversation: „Habt ihr eigentlich Kinder?"

Margaret zögerte, als müsste sie ihren Nachwuchs erst einmal durchzählen. Es gab ein längeres Schweigen, und ich war versucht, eine „witzige" Bemerkung zu machen, etwa in der Art: „Dann eben eine leichtere Frage". Aber irgendetwas gebot mir, den Mund zu halten. „Irgendetwas" hatte Recht.

„Ach, Jeff, wir haben drei Kinder, aber eins davon ist schon bei Jesus. Unsere älteste Tochter wurde von ihrem

Freund ermordet, als sie 19 war. Er schlug sie zusammen, warf sie von seinem Laster und überfuhr sie dann. Also, ja, wir haben drei Kinder: Zwei auf der Erde, und eins, das im Himmel ist."

Ich stotterte und rang verzweifelt um Worte, aber Paul und Margaret waren auf meinen armseligen Beitrag weder angewiesen, noch forderten sie ihn ein. In den nächsten Stunden gestatteten sie mir Einblick in das Ausmaß ihres Leides. Paul hatte in der einen Hand eine Kaffeetasse fest im Griff, in der anderen ein Foto seiner hübschen erstgeborenen Tochter. Sie erzählten mir, dass man sich niemals von so einem Trauma erholt. Und dass man nur sehr langsam wieder lernt zu lächeln. Vor allem aber zeigten sie mir mit ihrem Lachen, mit den Tränen und mit den strahlenden, von Hoffnung erfüllten Augen, dass ein Teil von ihnen bereits im „Noch nicht" lebte. Sie waren in der Hölle gewesen und sind wieder zurückgekommen. Unterwegs haben sie Geschmack am Himmel bekommen. Sie machten überhaupt keinen abgehobenen oder klischeehaften Eindruck. Aber sie lebten hier als Bürger eines Reiches, das kein Ende hat, und freuten sich schon auf die Feier des Wiedersehens.

Von Kleinigkeiten lassen sie sich nicht mehr ärgern. Als Leiter ihrer Gemeinde geben sie sich keinerlei Mühe, der religiösen Kultur Tribut zu zollen. Margaret, die Pastorenfrau, trägt ein Piercing in der Nase, einfach so, weil sie es mag. Außerdem denkt sie daran, sich eine Tätowierung zuzulegen. „Es macht mir einfach Spaß, diese religiösen Teufel aufzumischen", lächelte sie. Es war kein selbstgefälliges, arrogantes Grinsen, sondern die stille Freude eines Menschen, der dem Tod selbst ins Gesicht gesehen und festgestellt hat, dass es einen Größeren gibt.

Als ich wieder abreiste, hatte ich das Gefühl, mir sei eine Audienz beim König gewährt worden. Ich fühlte mich zutiefst herausgefordert. Bin ich mit meinem Christsein so auf das Hier und Jetzt festgelegt, dass ich den Blick für die wunderbare Ewigkeit verloren habe, die gleich hinter dem Horizont der Zeit liegt?

Die Südstaatensklaven von früher hielten Ausschau nach einem „Sweet Chariot“, einem himmlischen Wagen, der zu ihnen herabschwebt und sie nach Hause trägt. Sie besaßen nichts in der Gegenwart, doch alles im „Noch nicht“.

Paul und Margaret haben keine Aufkleber; sie tragen tiefe Wunden. Aber eines Tages werden sie wieder tanzen, Arm in Arm mit ihrer Tochter, unversehrt und heil, und sich an Jesus freuen, der über Tod und Hölle steht.

Wir haben es tausendmal gehört, doch halten wir einmal inne und denken daran: Als Christen werden wir bei Jesus sein, für immer. Das ist Ewigkeit. Kein Wunder, dass sich so etwas „Gute Nachricht“ nennt.

Das riesengroße Haus ...

Jory war ein aufgeweckter, 12-jähriger Frechdachs mit ansteckendem Lachen und messerscharfem Verstand, ein junger Mann, der das Leben schön fand, sich für ein Leben mit Jesus entschieden hatte und sich auf dem Weg mit ihm rundum wohl fühlte. John und Cheri, Jorys Eltern, waren und sind gute Freunde von mir. Ich bin oft bei ihnen in Colorado Springs zu Besuch gewesen, und man merkt, dass ihr Zuhause ein echter Hafen der Liebe und des Lachens ist.

Ich weiß noch, wie ich einmal bei einem Jugendtreffen in Jorys Heimatort predigte. Ich fühlte mich ziemlich alt; also machte ich den leicht hilflos wirkenden Versuch, wenigstens ein bisschen im Trend zu sein, indem ich ein knallorangefarbenes Tommy Hilfiger-Sweatshirt anzog. Als ich eintrat, kam Jory herbeigeschlendert, warf einen Blick auf mein ehrgeizig fluoreszierendes Stück, zwinkerte mir zu und sagte: „Du gibst dir ja echt Mühe, Jeff." Treffer, versenkt!

Jory liebte Musik. Ich kann mich an ein bestimmtes Lied erinnern, offensichtlich über den Himmel, das bei ihm im Zimmer anscheinend endlos spielte:

Komm, Gott lädt dich ein
in sein großes Haus.
Es ist riesengroß
und hat unendlich Platz,
mit einer Riesenküche,
du kannst essen, was du willst.
Mit einem Riesenpark,
man kann super Fußball spieln.
Und das Riesenhaus
ist meines Vaters Haus ...

Jory und Justin, sein älterer Bruder, waren bei ihren Großeltern in Wisconsin zu Besuch. Jory war auf ein vierrädriges Motorrad gestiegen und zurück zum Haus gefahren, um Nachschub an Kaugummi und eine Sonnenbrille gegen die helle Nachmittagssonne zu holen. Dabei überquerte er eine selten befahrene Straße. Nach seiner Mission sprang er wieder aufs Motorrad und wollte zurück zu seinem Bruder fahren. Doch so weit kam er nie.

Wahrscheinlich hatte er den Laster nicht einmal gesehen, der ihn umfuhr und samt dem Motorrad 20 Meter die Straße entlang schleifte. Sein Opa eilte beim Geräusch der kreischenden Reifen nach draußen und musste seinen geliebten Enkel tot auf der Straße vorfinden. Der verzweifelte Lasterfahrer stand hilflos und händeringend daneben.

Wir hatten erst vor ein paar Stunden einen Anruf erhalten und waren gebeten worden, ins Flugzeug zu steigen, um bei John und Cheri zu sein. Ich sollte beim Beerdigungsgottesdienst neben anderen Rednern eine Ansprache halten. Wir standen den langen Flug mit wachsenden bangen Gefühlen durch – welche Worte konnte man diesen lieben Freunden schon sagen, die jetzt ihr äußerstes Leid ertragen mussten? Wie konnten wir sie trösten, ohne in Klischees zu verfallen?

Jetzt saßen wir vier mit zwei anderen engen Freunden zusammen an einem Tisch, wo die Tränen flossen und die letzten Einzelheiten der Beerdigung durchgesprochen wurden. John und Cheri hatten vom stundenlangen Weinen geschwollene Augen. In drei Stunden würde etwas stattfinden, das Eltern eigentlich niemals erleben sollten – die Beerdigung ihres jüngsten Sohnes. Wir versuchten, die Eltern auf diese mögliche Zerreißprobe vorzubereiten. Wir besprachen die Lieder, die Reihenfolge der Beiträge, wer etwas sagen sollte und wann, und schließlich, als alles geklärt war, beugte sich John hinüber zu meiner Frau Kay, um ihr eine Frage zu stellen – eine Auskunft, die mich an den Rand einer Panikattacke brachte.

„Kay, hat Gott dir irgendetwas über Jorys Tod mitgeteilt?“

Auf diese Frage zu antworten war scheinbar viel zu riskant. Zu behaupten, Gott habe etwas gesagt, sich dabei aber zu irren, konnte in so einem schmerzlichen, emotionsgeladenen Augenblick tiefe Wunden schlagen. Auch lauerte hier die Gefahr, dass alle Worte als Phrasen aufgefasst werden konnten. Ich schaute auf meinen Kaffee nieder und hoffte, dass Kay ruhig und sanft bestätigen würde, dass Gott ihr nichts mitgeteilt habe.

Doch sie sagte: „Ja, John, ich glaube, dass Gott heute Morgen zu mir gesprochen hat ...“

Ich blickte noch tiefer in den Kaffee. Er war sehr schwarz. Ich hielt die Luft an und versuchte, Kay unter dem Tisch einen Tritt zu verpassen. Er ging daneben.

„Ich habe den Eindruck, Gott will euch sagen, dass Jory gerade jetzt mit den Engeln tanzt ...“

Die schwarz glänzende Oberfläche des Kaffees schaute zu mir zurück. „Er tanzt jetzt mit den Engeln". Hört sich das nicht ein bisschen trivial an? Anscheinend nicht.

John wischte sich die Augen mit einem Papiertaschentuch und erwiderte ruhig: „Kay, bestimmt wusstest du es nicht, aber Jory hat unheimlich gern getanzt – genau das hat er am liebsten gemacht. Er konnte die Füße nicht stillhalten, wenn er Musik hörte. Aber es steckt noch etwas anderes dahinter. Gestern sind Cheri und ich in die Leichenhalle gegangen, um uns von Jory zu verabschieden. Als es Zeit war zu gehen, sah ich meinem Sohn ein letztes Mal ins Gesicht, beugte mich über den Sarg, küsste ihn auf die Wange und gab ihm als Vater meine letzten Worte mit: *Tanz, Jory, tanz.*"

Und so klang unser Treffen mit dem Gefühl aus, dass Gott geredet hatte und auch in Zukunft reden würde, auch wenn wir wie im dichten Nebel tappten und die Frage „Warum?" im Raum blieb, die sich so oft aufdrängt, wenn wir von einem schlimmen Unglück getroffen werden.

Es gibt so viele Dinge, denen ich einfach nicht auf die Spur komme, Fragen über Gott, das Leben und das Wesen des Leids. Eins aber weiß ich: Es gibt einen jungen Mann mit lachenden Augen, der Jory heißt und gerade jetzt im Haus des Vaters feiert; er isst am großen Tisch einer Riesenküche ... und vielleicht kickt er danach noch mit ein paar Freunden draußen im Park ein paar Bälle ...

Meine allererste Beerdigung

Ich wusste, dass sie Bescheid wussten. Das merkte man daran, wie sie ihr Grinsen zu unterdrücken versuchten und sich gegenseitig hinter vorgehaltener Hand ins Ohr flüsterten. Sargträger genehmigen sich normalerweise kein Lächeln, nicht einmal ein flüchtiges. Diese hier aber konnten sich nicht beherrschen. Ihnen war klar, dass der junge Pastor beerdigungstechnisch eine Jungfrau war. Es war mein allererstes Mal. Ich hatte noch nie eine Leiche gesehen und war im wahrsten Sinne des Wortes zu Tode geängstigt.

Eine lange, schlaflose Nacht lag hinter mir. Ich hatte mich hin und her gewälzt und von Särgen und Leichen geträumt, bevor ich zum x-ten Mal wach wurde und kalten Schweiß auf der Stirn spürte. Ob ich beim Anblick der Leiche wohl ohnmächtig würde? Ich wusste, dass zu meiner ersten Beerdigung ein offener Sarg gehörte (klang irgendwie nach Cabriolet). Also würde die Leiche nicht in ihrem Behälter mit Messingbeschlägen hinter Schloss und Riegel versteckt sein. Nein, zu dieser ersten Beerdigung gehörte ein sehr offener Sarg, in dem ein sehr toter Mensch lag. Ich selbst war dem Tod nahe.

Ich klopfte zittrig an die Tür des Hauses, in dem die Trauerfeier stattfinden sollte, und machte mich halb darauf gefasst, dass der Verstorbene selbst mir die Tür öffnete. Was natürlich nicht der Fall war. Trotzdem schauten mich alle ob meines gehetzten Blicks irritiert an. Der Sarg war noch nicht eingetroffen, also war mein überängstlicher Eintritt umsonst gewesen. Ich lächelte schief und sagte etwas, das hoffentlich halbwegs sensibel klang. Der Bestatter lächelte zurück.

Endlich kamen seine Mitarbeiter mit dem Verstorbenen an. Als sie das Gestell zurechtrückten und den Sarg darauf stellten, gleich neben die belegten Brötchen und Gürkchen für den Leichenschmaus, glaubte ich schreien zu müssen.

Langsam, ganz langsam wurde der Deckel angehoben. Ich konzentrierte mich voll auf eines der Gürkchen. Dann drehte ich mich ganz langsam zu der Leiche um – sofort wusste ich: Alles wird gut. Sein Gesicht war pudrig weiß, die Augen fest zugekniffen, die Hände über der Brust gefaltet wie im Gebet, eine angemessene letzte Haltung für diesen aufrechten Mann Gottes.

Die Verwandten traten ein, griffen nach den Häppchen und versicherten einander, wie gut der Tote aussehe und was für einen lebendigen Eindruck er mache. Und dann wurde ich zum Foto gebeten. Ich vermutete, man wolle einen Schnappschuss von mir als dem amtierenden Beerdigungspastor, also schluckte ich schnell das letzte Stückchen Gurke hinunter, mit dem ich mich so nett bekannt gemacht hatte. Doch lag ich nicht ganz richtig. Sie wollten ein Foto des Verblichenen mit mir. Erst konnte ich es gar nicht glauben. Ich meine – wie sollte so ein Foto denn gemacht werden? Sollte ich neben dem Sarg in die Hocke gehen und dicht heranrücken, Kopf an Kopf, als hätten der Verstorbene und ich am Vorabend in der Stadt einen draufgemacht? Sollte ich meinen Arm freundschaftlich oben um den Sarg legen? Sollte ich in die Kamera lächeln? War das taktvoll? Immerhin war mein Mit-Fotomodell ja tot.

Ein Lächeln sei angebracht, sagte man, da der liebe Verstorbene ja nicht in dem Sinne tot sei, sondern bei Jesus. Warum also nicht lächeln? Ich stimmte zu, legte den Arm um den Sarg, als ob der Verstorbene und ich für einen Schnappschuss nach dem Fußballspiel posierten, und versuchte, möglichst glücklich auszusehen. Ich hatte mir nicht vorgenommen, der Leiche so nahe zu kommen. Vielleicht war es eine Art morbide Faszination, aber ich studierte sein Gesicht jetzt sehr intensiv. Die Starre, die absolute Abwesenheit des Lebens, darin lag die Faszination. Der Blitz tat sein Werk, und eine Minute danach bekam ich das Polaroidfoto mit mir und einer sehr toten Person zu sehen. Ich merkte an, es sei ein gutes Bild – innerlich aber fand ich das Ganze äußerst morbide. Es machte einen unangemessenen Eindruck.

Es wurde Zeit, zum Friedhof zu gehen. Der Sargdeckel wurde wieder zugeklappt, und wir brachen zur Fahrt in den Park auf. Doch hier erwartete mich die nächste ungewöhnliche Erfahrung: Diese Familie war fest entschlossen, den Toten selbst unter die Erde zu bringen. Ich hatte geglaubt, es sei mit der „Asche-zu-Asche-Zeremonie" getan, und ich dürfe dann gehen, damit die Totengräber ihr Werk tun konnten. Doch diese Familie pflegte die Tradition, sich selbst als Totengräber zu betätigen. Die Frauen sangen wunderschöne Spirituals, ein getragenes Gemisch aus Trauer und Feierlichkeit. Während sie ihre Harmonien pflegten, griffen die Männer zu Schaufel und Spaten und füllten das Grab mit Erde auf. Große Klumpen regennasser Erde plumpsten auf den Sargdeckel, und in Minutenschnelle war die Kiste den Blicken entschwunden. Es wurde so lange gesungen, bis das Grab ganz gefüllt war, sich ein Erdhügel gebildet hatte und die Blumen sorgfältig darauf arrangiert wurden. Dann, und erst dann machten die Trauernden Anstalten zu gehen.

Beim Leichenschmaus gab es dann Lachen und Tränen, es wurde herzhaft gegessen und getrunken. In einem ruhigeren Augenblick fragte ich mich, wie diese Leute eigentlich über den Tod dachten: der offene Sarg, das Foto, das Verwandten in Übersee geschickt werden sollte, und die Entschlossenheit der Familie, ihren Toten buchstäblich selbst zu begraben.

Taten sie das, weil sie keine Angst hatten, dem Tod ins Gesicht zu schauen? Half es ihnen zu trauern, indem sie dafür sorgten, dass jede unrealistische Gefühlsregung von der Brutalität des Todes vernichtet wurde? Unsere Gesellschaft verhüllt den Tod so oft. Man verbirgt die Geschäftsräume der Bestatter in Nebenstraßen und nutzt die Sprache als kosmetisches Mittel zum Verbergen der krassen Realität.

Ein Mensch ist dahingeschieden, hat uns verlassen, ist uns vorausgegangen, ist auf der anderen Seite: Er ist alles außer ... einfach tot.

Meine erste Beerdigung hat mir weit mehr gezeigt, als ich erwartet hatte. Ich war auf eine Gruppe von Christen gestoßen, die einem Blick auf „den letzten Feind", den Tod selbst, standhielten. Ihre Zuversicht war nicht auf irgendeinen sentimentalen „Heile, heile Segen" im Himmel gegründet, sondern in der sicheren Hoffnung verankert, die von Jesus stammt. Er hat den Tod besiegt und für alle, die an ihn glauben, den Kampf gewonnen.

Der Tod ist sehr, sehr tot.

Gebet und Prophetie

Lasset uns beten (?)

Es gibt ein paar Ankündigungen, die meine Hände schwitzen und meinen Herzschlag stocken lassen. Dieses nervöse, panische Gefühl befällt mich, wenn mein freundlicher Zahnarzt mir netterweise mitteilt, dass seine nächste Handlung mir wehtun wird – nur ein bisschen natürlich. Entsetzliche Schmerzen stehen mir bevor, die mich garantiert in den Abgrund des Irrsinns stürzen. Eine Menge kalter, rostfreier Stahlinstrumente werden gleich dank freundlicher Finanzierung der Krankenkasse in meinem Mund wüten.

Eine ähnliche Nervosität bricht bei mir aus, wenn ein Pilot ankündigt, es gebe während des Flugs ein „kleines Problem". In Wirklichkeit bricht bereits vorne das Cockpit ab.

Und dann bekomme ich noch nervöse Zuckungen, wenn der Anbetungsleiter sein begeistertstes Grinsen aufsetzt und freudig ankündigt: „Wir wollen den Herrn jetzt einmal etwas länger anbeten, ja?" Uns steht das Absingen von 300 unleserlichen Overhead-Folien bevor. Diese Folien sind auf geheimnisvolle Weise in Unordnung geraten und daher wird das jeweilige Lied vom Aufleger meist erst dann gefunden und ergo gezeigt, wenn der letzte Vers gesungen wird, wobei man dann den zweiten Vers vor Augen hat. Wir „fühlen uns geleitet", jedes dieser Lieder mindestens zweimal durchzusingen.

Auch wenn sich dieses Gefühl eigentlich gar nicht einstellt, werden wir diese Lieder singen. Selbst wenn der Herr während der Anbetungszeit wiederkommen sollte, werden wir alle 300 Lieder bis zum bitteren Ende singen – zweimal.

Doch als Prediger mit landesweitem Dienst (ich glaube, die Definition für „landesweit" ist erfüllt, wenn man mindestens viermal im Jahr die Autobahn befährt) kenne ich noch eine muntere kleine Ankündigung, die mir garantiert die Knie schlottern lässt. Sie hört sich so an: „Wir würden gern ein paar Leute zusammenholen, um vor dem Gottesdienst für dich zu beten, Jeff."

Hilfe! Wählt den Notruf! Ruft die barmherzigen Samariter! Es dräut die Qual. O ja, das klingt so unschuldig, sogar freundlich und auf jeden Fall *sehr* geistlich. Ich verspüre aber einen Anflug von Besorgnis, wenn mir mitgeteilt wird, vor dem Gottesdienst werde für mich gebetet – und nicht nur mir geht es so. Viele Mitpastoren der reisenden Zunft, von denen sich manche durchaus einen Namen gemacht haben, leiden wie ich unter dem Schrecken der Gebetsgemeinschaft vor dem Gottesdienst – ein Schrecken, der sich um den Faktor 100 ausweitet, wenn beiläufig das Wort „Fürbitte" erwähnt wird. Damit ist gemeint, dass die geistlichen Sturmtruppen eingesetzt werden. Das Motto der Brigade lautet: „Nein, Gott ist nicht taub, aber möglicherweise etwas schwerhörig. *Im Namen Jesu!*" Viel Geschrei, Fußstampfen, Flaggenschwingen und Tamburinschlagen begleiten normalerweise diese Aktionen.

Mein Freund Adrian Plass versucht diesen vorgottesdienstlichen Gebeten zu entkommen, indem er sich in der Toilette versteckt. Was für ein trauriger, ergreifender Anblick: Einer der bekanntesten christlichen Autoren der Welt versteckt sich im stillen Örtchen und versucht, sich mit Handschellen ans Klobecken zu fesseln.

Mancher fragt sich wohl, warum durch diese gut gemeinten Gebetsgemeinschaften so viel Pein verursacht wird.

Wie kommt es, dass Plass zum Klo sprintet und ich mir manchmal lieber die Zehennägel ausreißen lassen würde, als dass für mich gebetet wird? Damit kein Verdacht aufkommt, will ich gleich versichern, dass ich weder zynisch noch ungläubig bin. Vom Wert und der Macht des Gebetes bin ich zutiefst überzeugt. Ich habe auch keinerlei Zweifel an der Aufrichtigkeit und Geistlichkeit derer, die sich zum Gebet sammeln. Eigentlich bin ich durchaus froh, dass man Zeit und Energie aufwendet, um Gott zum Handeln aufzurufen. Woher also die vorgottesdienstliche Gebetsallergie?

Zuallererst können diese Gemeinschaften recht ... nun, sagen wir, *körpernah* geraten. Die meisten Christen sind ziemlich nett, aber die Gebetsaktion bietet ihnen den perfekten Vorwand, einem in Ohr und Gesicht zu spucken und die ganze Bibel mit Speichel zu besprenkeln, während die Inbrunst der Fürbitte so richtig auf Touren kommt. Das kann ganz schön eklig sein, besonders, wenn man vor dem Gottesdienst schon geduscht hat.

Dann ist es eine gespaltene Freude, inmitten eines Kreises von Gebetskriegern zu stehen, von denen manche ihre Hand leicht auf meine Schultern legen. Andere fühlen sich veranlasst, einem den Rücken oder die Schultern zu kneten (was ganz angenehm sein kann, aber während einer Fürbitte ist es unziemlich, freudig aufzustöhnen), und wieder andere legen ihre Hände gern auf Brust, Bauch, Knie und Füße. Ein bisschen zu viel des Guten, wenn Sie mich fragen. Wird Salböl angewandt, wird es wirklich unangenehm. Einmal tauchte ich aus so einer Gebetszeit mit lauter fettigen Fingerabdrücken auf meiner Anzugjacke auf: dauerhafte Souvenirs einer mehr als enthusiastischen Gebetszeit.

Außerdem haben wir das Problem des vorhersagbaren Ablaufs. Die Beter mit weniger körperlichem Einsatz bleiben am Außenrand des Kreises, wippen während des Gebets auf den Zehen auf und nieder und erzählen Gott, welchen Namen er so trägt. Oft verspürt man das große Interesse des Beters, kein Mitglied der Dreieinigkeit verbal zu vernachlässigen. „O Vater, wir beten wirklich einfach darum, dass du, Jesus, Gott, Herr, Heiliger Geist, Vater, zu uns kommst, Jesus, Vater ..."

Andere sehen ihre Aufgabe darin, sich ein Tamburin auf den Kopf zu schlagen oder vollmächtig gegen die Wände zu boxen, die keines Verbrechens schuldig sind. Bei mancher Gelegenheit werden codierte Aussagen gemacht. Beispielsweise verwendet man ein Bibelzitat: „Wir danken dir einfach, dass da, wo zwei oder drei in deinem Namen versammelt sind, du in ihrer Mitte bist." Man meint damit normalerweise: „Gott, wir erwarten heute Abend nicht allzu viele Besucher, aber deine Gegenwart wäre nichtsdestotrotz ausgesprochen hilfreich." Eine weitere Codierung: „Wir danken dir einfach wirklich, dass alles dies einen Sinn hat, wenn nur ein Mensch, einfach nur *ein* Mensch, heute Abend Christ wird." Übersetzung: „Niemand hier in unserer Gegend ist in den letzten 45 Jahren Christ geworden, und wir haben den ganzen Evangelisationsetat des Jahrzehnts für den kleinen Knaller heute Abend auf den Kopf gehauen; also wäre irgendein Erfolg ganz nett."

Jede Konfession hat ihren eigenen Jargon, aber manchmal sehne ich mich nach etwas mehr bodenständigem Realismus beim Beten.

Ein weiteres Problem: Diese Zusammenkünfte können sich im Grunde recht antisozial auswirken. Es macht sich ganz schlecht, während der vorgottesdienstlichen Gebetszeit zur Veranstaltung einzutreffen. Als gut bezahltes Mitglied der Gattung Mensch empfinde ich oft das Bedürfnis zu nicken, zu lächeln oder etwas wie „Hallo" zu murmeln, wenn ich jemandem zum ersten Mal begegne. Bei einer Gruppe von Vorher-Betern sollte man das gar nicht erst versuchen. Auf ein Nicken oder Winken reagieren sie meist mit einem bewusst leeren Blick, ein Gesichtsausdruck, der uns sagt: „Entschuldigung, aber siehst du nicht, dass ich mit ihm dort oben kommuniziere?"

Zu ermitteln, wie ich mich während dieser Gebetszeiten richtig verhalte, macht mich oft nervös. Vor ein paar Tagen dekorierte ich auf künstlerische Weise meinen Büchertisch, damit das Volk mit dem Kauf guter christlicher Literatur den Willen Gottes für sein Leben erkennen möge. Die Organisatorin der Veranstaltung kam herbei, lächelte und wiegte mich in einem falschen Sicherheitsgefühl. „Kommst du bitte, Jeff? Wir brauchen dich, wir würden vor Beginn gern beten."

Die Veranstalterin sah mein Zusammenzucken. Sie übte also sanften Druck aus. „Wirklich, Jeff. Wir warten schon. Komm."

Wie ein Lamm zur Schlachtbank folgte ich dem weiblichen Schwarzenegger der Fürbitte in den kleinen Raum an der Rückseite, in dem eine Gruppe sicherlich sehr netter Menschen damit beschäftigt war, Gott an seinen erforderlichen Einsatz zu erinnern. Die Gruppe war so freundlich, sich um mich herum zu versammeln, und ich legte meine Hände gegeneinander, wobei die Finger nach oben auf mein Kinn wiesen, was eine nachdenkliche, kontemplative Haltung ergibt, die ich bei solchen Gelegenheiten gern einnehme. Alles lief reibungslos, bis es mich plötzlich an der Hüfte juckte und ich schnell mit der rechten Hand nach unten schoss, um mich diskret zu kratzen. Leider war mir nicht aufgefallen, dass die zuvor erwähnte Veranstalterin ihre Hände zu mir hinüber gestreckt hielt, und als mein Arm nach unten in Richtung Hüfte zuckte, traf ich ihren Arm dabei karatemäßig und ziemlich heftig. Sie schrie vor Schmerzen auf. Es war mir sehr peinlich, und ich murmelte eine Entschuldigung, doch die wurde von den Betern übertönt, die der Meinung waren, die liebe Schwester erlebe eine Manifestation des Heiligen Geistes. Zwei oder drei Leute traten an ihre Seite und murmelten „Mehr, Herr". (Man darf bei einem vorgottesdienstlichen Gebetstreffen auf gar keinen Fall einen Herzinfarkt bekommen. Man könnte sich in schrecklicher Agonie auf dem Teppich wälzen und verzweifelt nach Luft ringen, während das versammelte Volk Gottes die Arme schwenkt und mit entzücktem Grinsen Gott bittet, mehr davon zu gewähren.)

Für mich aber stellt der Druck, der durch das Gebet oft ausgeübt wird, das größte Problem dar. Trotz aller Dementis wie: „O Gott, du weißt, wir wollen nur, dass Jeff total entspannt und ganz er selbst sein kann“ (was mich dazu reizt, die Augen aufzumachen und zu sagen: „Gut, wenn das so ist, dann muss ich zugeben, ich bin mir im Moment nicht sicher, ob es überhaupt einen Gott gibt – hat jemand anders Lust zu predigen?“), bringt das Vorher-Gebet meist eine erschöpfende Last an Erwartungen zu Tage.

Oft komme ich voller Glauben und dem echten Gespür zum Gottesdienst, dass Gott selbst sich ans Werk machen wird – doch dann wird mir die Last der Hoffnungen und Ängste der Gebetsgruppe aufgehalst: „O Gott, wir drängen dich nicht, aber wir wissen, dass Fred heute Abend seine Tante Mabel mitbringt. Du weißt, o Herr (aber wir erinnern dich trotzdem daran), dass Tante Mabel eine Satanistin ist, die Hühneropfer bringt und nur noch eine Viertelstunde zu leben hat, und dass sie deshalb heute das letzte Mal einen christlichen Gottesdienst besucht. Lege in Jeffs Mund also die Worte, die sie überführen, retten, heilen und in eine Missionarin verwandeln, die gleich nächste Woche um diese Zeit nach Malaysia aufbricht. Und mögen die Blinden sehen, die Tauben hören, die Toten auferstehen – aber natürlich ganz ohne Druck unsererseits, Herr.“

Ich höre mit schwindendem Mut zu und spüre mehr und mehr meine Unzulänglichkeit. Ich überdenke die Predigt, die mir bei der Bearbeitung so inspirierend und prägnant vorkam und mittlerweile ungefähr so anfeuernd wirkt wie der Darlehensvertrag für mein Haus. Und das Gebet um Heilung erinnert mich daran, dass ich Kopfschmerzen habe. Nachdem ich Gott gebeten habe, mir das dumpfe Gefühl in meiner Stirn zu nehmen, nehme ich zwei Aspirin ohne Wasser. Die Tabletten hinterlassen im Mund einen staubigen Geschmack, die Erinnerung meiner Geschmacksknospen an meine begrenzten Erfolge im Heilungsbereich. Auferstehung der Toten? Heute Abend wohl nicht, fürchte ich ...

Doch, doch, lasst uns beten, wie man so schön sagt. Aber lasst uns nichts zerreden, Vorträge halten oder den armen Unglücklichen, der heute mit der Predigt dran ist, mit untragbarem Erwartungsdruck überlasten. Und wenn wir beten, fragen wir doch den Herrn nach der Kombination für das Zahlenschloss. Irgendjemand sollte Bruder Plass aus der Zisterne befreien.

Engel per Anhalter und Fred Feuersteins Gaben

Damals in den 1970ern trällerten die Schweden von ABBA im Glitzerfummel und Schuhen mit so hohen Absätzen, dass man Flugangst bekommen konnte, dass sie an Engel glaubten. Auch ich glaubte an Engel. Immerhin flogen sie oft genug durch die Seiten meiner Bibel. Aber ich stolperte über die Geschichten von Engelserscheinungen, die bei den Charismatikern häufig die Runde machten. Es störte mich, dass der Großteil der Engelpopulation anscheinend ein großes Maß seiner Zeit damit verbrachte, die europäischen Autobahnen als Anhalter auf und ab zu reisen. Wie es aussah, kamen die Engel besonders gern christlichen Autofahrern zu Hilfe, die eine Panne hatten. Die geflügelten Boten nutzten solche Pannen oft als Gelegenheit, die unmittelbar bevorstehende Erweckung im Lande oder wahlweise die baldige Wiederkunft des Herrn anzukündigen, auch wenn der unglückliche Autofahrer wahrscheinlich eher an der Bestätigung interessiert war, dass der Mann vom ADAC schon unterwegs sei.

Bestimmt könnte man den Engeln viel Schweiß ersparen, überlegte ich mir, wenn jede Gemeindezeitung ein Antragsformular für den ADAC als Beilage hätte. Die Engel müssten sich die Hände nicht mehr unnötig schmutzig machen und könnten sich um Wichtigeres kümmern, zum Beispiel mich zu beschützen. Doch nie, wenn ich solche Geschichten hörte, enthüllte ich diese meine Bedenken. Ich möchte sie wirklich, wirklich glauben. Ich hungere nach jeder Bestätigung meines Glaubens an übernatürliche Eingriffe. Aber ganz tief im Innern kamen die Fragen auf ...

Ein ähnlicher Agnostizismus erfasst mein Herz an manchem Sonntagmorgen in der Kirche, besonders dann, wenn die Zeit für das wöchentliche Zungenreden und die anschließende „Auslegung" naht. Von Herzen *glaube* ich an die Realität beider Gaben, bin mir aber nicht so sicher angesichts der Versionen, die wir mit uhrwerksgenauer Regelmäßigkeit empfingen, kurz bevor Brot und Wein ausgeteilt wurden und meist vom gleichen Herrn. „Jabi, jabu, ja, jabu", rief er gefühlvoll aus. Das eine Mal meine ich, unseren Herrn tatsächlich „Jaba daba du" zu seinem versammelten Volk sagen gehört zu haben, genau wie die Comicfigur Fred Feuerstein immer sagt. Alles in mir wollte aufspringen und laut rufen: „Wilma!? Fred?" Statt dessen aber blieb ich dort in der siebten Reihe sitzen, vergrub meinen Kopf noch tiefer in den Händen und murmelte ein tiefernstes Dankgebet für das Privileg, Gott reden zu hören.

Doch irgendwo tief im Innern fragte ich mich, ob dies etwas Echtes war oder nur die Begeisterung eines netten und zweifellos aufrichtigen Mannes, hinter der nichts weiter stand. Die „Auslegung" half auch nicht weiter: Meist ging es darum, dass der Schöpfer des Universums uns daran erinnerte, dass er a) uns sehr liebt, b) wahrscheinlich jeden Moment wiederkommen wird und c) der Meinung ist, wir sollten unser Leben lieber ganz schnell ins Reine bringen, weil es ja heute Abend so weit sein könnte, besonders dann, wenn wir vorhätten, ins Kino zu gehen.

Ich *wollte* wirklich glauben, dass alles echt sei – immerhin glaubten die andern das ja auch. Damit ging ein stillschweigender Druck einher. Niemand *redete* eigentlich über diese „Feuersteinschen Gaben". Sie waren einfach da, natürlich von Gott. Klar?

Manchmal empfinde ich Ähnliches bei unserem Gerede über eine Erweckung. Bevor jemand zum ersten Stein greift, um ihn aus tiefstem Herzen Richtung Jeff Lucas zu werfen, möchte ich ganz schnell bekennen, dass ich tatsächlich überzeugt bin, dass Gott zur Zeit in unserem Land vieles bewegt. Ich möchte mit den Gläubigen glauben, den Hoffenden Gesellschaft leisten und mich von Zynikern und Kritikern fern halten, denen es anscheinend großen Spaß macht zu behaupten, Gott würde gar nichts tun. Ich möchte aber nicht in einer Erweckungsrhetorik landen, mit der wir begeistert und eifrig voreilig erklären, die Erweckung sei ausgebrochen, um anschließend die Bedeutung und Wichtigkeit der Aktivitäten zu übertreiben, mit denen wir selbst beschäftigt sind.

Wichtig sind in dieser Situation unsere Beziehungen. Sie können uns helfen, den Weg nach vorn zu finden. Statt uns ohne Sinn und Verstand mitreißen zu lassen, sollten wir in der Lage sein, einander herauszufordern und zu provozieren. Bringen wir die kitzligen Fragen zur Sprache, die uns umtreiben.

„Unterdrückt nicht das Wirken des Heiligen Geistes" und „verachtet nicht die Weisungen, die er euch gibt", schreibt der Apostel Paulus und fordert uns damit zu einem gesunden Respekt, zu einer Offenheit für die Gaben des Geistes auf. Er ermahnt uns aber auch, „alles zu prüfen" und „das Gute anzunehmen". Echte Erweckung wird auf jeden Fall das Hin und Her eines ehrlichen Streitgesprächs und lebenswichtigen Dialogs aushalten. Wie sonst können wir diese Dinge denn prüfen?

Nebenbei, ich glaube wirklich an Engel. Ich bin vor ein paar Wochen einem davon in Cork in Irland begegnet. Aber das ist eine andere Geschichte ...

Das Gehirn bleibt ausgeschaltet

Ich bin weit gereist und habe viele sehr seltsame Christen kennen gelernt. Manche davon sehen sich durch Gott beauftragt, in kürzester Zeit so viele Menschen wie möglich zu beleidigen. Ziel ihrer Angriffe sind – Sie ahnen es schon – nichts ahnende Gastredner. Ich habe gelernt, diese Menschen schon von weitem zu entdecken. Lange nach dem Ende von Veranstaltungen harren sie noch im Raum aus, treten unbehaglich von einem Fuß auf den andern und warten auf ihre Gelegenheit, den richtigen Augenblick. Sie sehen einem selten in die Augen und eröffnen ihr verbales Geschoss oft mit Bemerkungen wie: „Bruder, ich möchte dir in aller Liebe die Wahrheit sagen ...". Immer, wenn mir jemand ankündigt, mich mit der Wahrheit lieben zu wollen, dann mache ich kehrt und ergreife die Flucht.

Manche sind schlicht und einfach unverschämt wie die Dame, die nach der Predigt auf mich zu kam und fragte: „Entschuldigung, hatten Sie mal einen Schlaganfall?"

Ich versicherte, meines Wissens nie so etwas erlitten zu haben und wollte wissen, warum sie diese Frage stelle.

„Na ja, ich frage deswegen, weil sich nur die eine Gesichtshälfte bewegt, wenn Sie lächeln."

Ich hätte ihr so gern gesagt, dass ich einfach nur ausgesprochen hässlich bin, und wollte meinerseits fragen, was denn mit ihrem Gesicht passiert sei, aber statt dessen lächelte ich, sagte: „Äh ... Gott segne Sie" und eilte von dannen.

Ich lächelte auch und gab dem Mann meinen Segen, der mich fragte, wie es damals während des 2. Weltkriegs in England gewesen sei. Ebenso der Frau, die mich fragte, warum ich meine Frisur so trage wie jemand aus dem Film *Das Kettensägenmassaker*. Ebenso dem anderen Mann, der kam und mir einfach bekennen musste, dass er mich seit Jahren hasse, verabscheue und verachte und sich jetzt, da er es sich von der Seele geredet habe, schon viel besser fühle. Ich freute mich so sehr mit ihm. Ehrlich ...

Den ersten Platz meiner persönlichen Hitliste für „Redebeiträge mit ausgeschaltetem Gehirn“ aber belegt der Mann, den ich vor ein paar Wochen in Amerika kennen lernte. Ich war in die Staaten geflogen und hielt einen Vortrag bei einem Männertreffen. Es war ein bemerkenswertes Ereignis, wie man so sagt. 30 Männer entschieden sich, Christen zu werden. 300000 Dollar wurden als Spenden zugesagt, teils für die lokalen Gemeinden, teils für die Mission. Marc Garda leitete die Anbetungszeiten voller Kraft; das Wirken Gottes war deutlich spürbar. Dann aber, am Ende einer der großartigsten Veranstaltungen meines Lebens, schritt ein Mann zielstrebig durch den Raum und setzte sich neben mich. Ich musterte ihn von Kopf bis Fuß. Er war korrekt gekleidet und sah ganz normal aus, aber in den nächsten paar Sekunden raubten mir seine Worte buchstäblich den Atem.

„Ich ... ich muss Ihnen etwas mitteilen, das ich eigentlich gar nicht gern sage“, stotterte er nervös.

Hastig sah ich mich nach einem Atombunker um, entdeckte aber keinen und bat ihn, seinen Beitrag vorzubringen. Das tat er.

„Jeff, als Sie heute Morgen geredet haben, fiel mir etwas Furchtbares auf. Ich sah nämlich ein Zeichen auf Ihrer Stirn ... es war das Zeichen des Tiers.“

Was gibt man jemandem als Antwort, der zu einem freundlichen Schwätzchen rüberkommt und ganz ruhig erwähnt, er halte seinen Gesprächspartner für einen Geheimagenten Satans? Es verschlug mir die Sprache. Ich wusste nicht, ob ich lachen, ihn ohrfeigen oder meinen Kopf mit dem Barcode Luzifers in den nächsten Kreditkartenapparat stecken sollte.

„Und was soll das heißen?“, reagierte ich hoffnungslos.

„Ich weiß, was es zu bedeuten hat“, erwiderte er feierlich. Als er meinen verwirrten Blick bemerkte, fügte er schnell hinzu: „Ich liebe Sie natürlich trotzdem, Bruder.“

Meine Güte! Er sagt, auf meiner Stirn stehe die 666 geschrieben, und dann will er gemeinsam mit dem Antichristen „Seite an Seite“ singen.

Ich rang um Worte, doch mir fiel beim besten Willen nichts ein. Im Rückblick kann ich darüber lachen, aber damals hatte ich das Gefühl, man habe mir ein Messer zwischen die Rippen gerammt. Ich entschloss mich, diesmal auf den Spruch „Gott segne dich“ zu verzichten und bat den Mann zu verschwinden. So geschah es.

Ich ging auch meiner Wege und wünschte mir, dass Christen, die alles zu sagen versucht sind, was sie für „Wahrheit in Liebe“ halten, vielleicht erst einmal warten, nachdenken, noch etwas warten, wieder nachdenken, beten, noch einmal beten und dann – vielleicht – ihr Anliegen loswerden. Um es mit den Worten der Bibel zu sagen: „Jeder soll stets bereit sein zu hören, aber sich Zeit lassen, bevor er redet.“

Liegt Ihnen etwas auf dem Herzen, das Sie unbedingt irgendeinem armen Opfer mitteilen wollen? Nicht so eilig, dann können Ihre Worte zum Leben führen – und nicht zum Tod.

Und wenn Sie zufällig einen tragbaren Atombunker haben ... würden Sie ihn mir wohl ausleihen?

Anmerkung

Die Anekdote in diesem Kapitel ist mit freundlicher Genehmigung von Kingsway Publications meinem Buch *Gideon: Power from Weakness* (Kraft aus der Schwachheit) entnommen.

Ein Hofnarr

Ich war gespannt, als ich zur Veranstaltung eilte. Die Band für die Anbetungsmusik lieferte einen vorgottesdienstlichen Cocktail von Starkstrom-Rock und Thrash-Roll. Die Luft war mit hohen Erwartungen geladen. Knapp 1000 kirchliche Leiter hatten sich für vier kalte Tage zu „Stalag Luft 7" (nicht der richtige Name) in einem windzerzausten Ferienort an der stürmischen Ostküste Englands getroffen. Die Inspiration für dieses Urlaubsrevier war sicher der Darstellung von Gefangenenlagern in Kriegsfilmen entsprungen. Nach 24 Stunden dachte ich daran, ein Fluchtkomitee zu gründen.

Ich hatte ziemlich darum gerungen, die Konferenz zu genießen, aber ich muss zugeben, dass ich nicht mit dem Herzen dabei war. Die zugige Freizeit fand statt, während ich intensiv über den weiteren Kurs meines eigenen Lebens nachdachte. Ich war mit einigen ziemlich wichtigen und ernsten Fragen über meine Identität und Berufung beschäftigt. Das Wort Krise ist zu stark, um meinen Zustand zu beschreiben, aber ich fühlte mich verunsichert und ein wenig kampfesmüde. Im Wesentlichen ging es um meinen Einsatz von Humor in Lehre und Predigt. Ich lache gern, liebend gern sogar, und werde sehr nervös unter Christen, deren Gesichtszüge an das Ringen mit chronischer Verstopfung erinnern. Mir begegnen viel zu viele Gläubige, die durchaus gern lachen ... so lange sie es auf die Zeit nach dem Tod aufschieben können. Ich bin nicht in der Lage, so lange auf ein Lächeln zu warten, und ich bediene mich des Humors herzlich gern als authentischer Kommunikationstechnik. Witze erzähle ich nicht – ich verderbe immer die Pointe –, aber ich setze Geschichten ein, um zu illustrieren und zu provozieren, zu unterhalten und Interesse zu wecken. Ich möchte möglichst scharf beobachten können, was sich in diesem großen Zoo abspielt, den wir Leben nennen.

Zwar gibt es einige Menschen, die mögen, was ich mache, doch unvermeidlicherweise hinterlasse ich bei manchen den Eindruck, ich sei ein Dünnbrettbohrer und lebte nur für die nächste witzige Geschichte. In christlichen Kreisen herrscht das Denken vor, dass die wahrhaft nützlichen Predigten und Lehren schwer und „tief gehend" sein müssen. Manchmal aber bezeichnen wir eine Predigt als „tief gehend", wenn wir eigentlich meinen: „Ich habe kein Wort verstanden, du etwa?"

Ich erinnere mich, wie ich einmal einen betäubend langweiligen Vortrag ausgesessen habe, der ein buddhistisches Ritual mit seinen Längen glatt ausgestochen hätte. Der Prediger hatte sich des flippigen Themas „Rudolph Bultmann und die Frage nach dem historischen Jesus" angenommen. Dieser sehr spritzig formulierte Titel stand per Overhead-Projektor an der Wand. Nicht nur war sein Thema völlig unangemessen für einen Familiengottesdienst mit Abendmahl am Sonntagmorgen. Er schaffte es auch, den ohnehin schon wenig prickelnden Inhalt absolut unverständlich darzubieten.

„Wie fandest du denn die Predigt?", fragte ich einen guten Freund, als wir den Versammlungsraum verließen.

„Ach, Jeff, ich hab' überhaupt nichts verstanden, aber ich glaube, sie war echt gut."

Ich hätte an Ort und Stelle meine Bibel verspeisen können. Wie kann etwas gut sein, das kein Mensch versteht? Wie kann Kommunikation wirkungsvoll sein, wenn 98 % der Zuhörer die Botschaft überhaupt nicht empfangen haben? Vorsichtig ausgedrückt: Das ist grober Unfug. Nur mal zum Vergleich:

„Meistens springt er nicht an, und das Lenkrad fehlt auch, aber ich bin mir sicher, dass der Wagen gut ist."

„Man möchte sich vor Grauen umbringen, wenn sie den Mund aufmacht, aber der Herr hat ihr eine wunderbare Gesangsbegabung geschenkt."

„Ich glaube, dass er ein guter Klavierspieler ist. Wenn er sich zum Vortrag hinsetzt, klingt das zwar wie ein Sack Schraubenschlüssel, der die Treppe runterpoltert, aber gut ist er trotzdem."

Und deshalb glaube ich, dass meine Art, für Erwachsene zu predigen – die auch für Kinder verständlich und genießbar ist – ganz legitim ist. Doch der Vorwurf, ich sei ein „Dünnbrettbohrer", ärgerte mich irgendwie. Ich habe mich also bei Gott darüber beschwert. Bitte nehmen Sie aus dem Folgenden nicht den Eindruck mit, dass Gott und ich den ganzen Tag zusammensitzen und kleine kameradschaftliche Schwätzchen miteinander halten. Ich habe wie jeder andere ein Problem mit der Frage, ob Gott zu mir redet oder ob es Satan ist, ob ich Selbstgespräche führe oder ob die Offenbarung in meinem Kopf sich daraus ergibt, dass ich am Abend vorher der Curryhuhn-Platte zu ausgiebig zugesprochen habe. Jedenfalls bin ich trotz alledem mit meiner Beschwerde zu Gott gegangen.

„Gott, hast du mich tatsächlich berufen, für dich als Narr aufzutreten?"

Die Antwort, die ich anscheinend bekam, war nicht gerade, sagen wir mal, erschöpfend. „Ja."

„Ein Narr für Christus. Toll! Danke, Gott. Warum kann ich kein evangelikaler Held sein, den man respektiert, weil er die Bibel so tiefsinnig auslegt?"

Doch darauf erhielt ich keine Antwort.

Und nun sitze ich hier in der Versammlung, das Anbetungsteam kommt allmählich zum Schluss, und mir kommt die Möglichkeit in den Sinn, dass Gott durch einen seiner und meiner Freunde zu mir reden könnte.

Gerald Coates hatte mir angedeutet, dass er ein prophetisches Wort für mich „auf der Pfanne" habe, und er wolle es heute Abend öffentlich im Gottesdienst aussprechen. Das konnte Gutes oder auch Schlechtes bedeuten; Hoffnung und Angst hielten sich die Waage. Ich setzte mich hin und wartete. Ich hoffte auf eine „gute“ Prophetie – Sie wissen schon: Segen, Salbung und vielleicht die Aussicht auf ein neues Auto. Ich war auf das, was kommen sollte, überhaupt nicht eingestellt.

Gerald rief mich auf die Bühne. Die Musiker spielten leise die typische „Hintergrundmusik für prophetische Beiträge“. Gerald hielt in der einen Hand das Mikrophon, in der anderen aber etwas, das wie ein mehrfarbiges Stück Stoff aussah. Mir kamen wilde Spekulationen. Vielleicht wollte er sagen, dass ich ein geistlicher Josef mit seinem Wahnsinns-Technicolor-Traummantel sei? Sollte ich ins Gefängnis kommen? Sollte ich von einer verschärften Ägypterin verführt werden? War es mir bestimmt, einem Bäcker ernsthafte Schwierigkeiten anzukündigen?

Nichts von alledem. Er entfaltete das Tuch. Es entpuppte sich als Hut für einen Hofnarren in grellen Clownsfarben und mit Glöckchen. Zu meinem Entsetzen setzte er mir den Hut ohne weitere Umstände auf den Kopf. Ich drehte mich um, sah in die Menge und fürchtete, ausgesprochen lächerlich zu wirken. Mein Verdacht bestätigte sich, Die Zuschauer blieben erst ruhig sitzen und gaben sich Mühe, ernste Mienen zu machen. Immerhin war dies eine prophetische Handlung. Doch mein Anblick in diesem Aufzug kitzelte bald einen kollektiven Lachnerv, und Sekunden später kicherten die Leute erst verstohlen und lachten dann laut los. Einige stießen sich gegenseitig in die Rippen, warfen den Kopf zurück und wieherten vor Heiterkeit. Ich drehte mich um. Mein Gesicht wurde rot wie eine Tomate. Ich war sauer auf die lachende Versammlung und mehr noch auf Gerald. Was war das für ein blödes Spiel, das mich der öffentlichen Demütigung aussetzte? Was hatte Gott vor? Wusste er denn nicht, dass ich von lieben Mitchristen schon so oft sarkastisch abserviert worden war, dass es für die Ewigkeit reichte? Mein Ärger schwand in Sekundenschnelle, als Gerald mit der eigentlichen Prophetie begann:

„Du warst bereit, um Christi willen ein Narr zu sein.“

Hilfe! Ich hatte niemandem erzählt, dass Gott mir gesagt hatte, ich solle ein Narr sein ... dieses Wort traf es so akkurat, dass es mir unheimlich war.

Gerald sprach in prophetischer Weise darüber, dass der Hofnarr in alten Zeiten von Königen sehr geschätzt wurde. Dann sagte er mir, er habe den Eindruck, Gott wolle mir zwei für mich sehr wichtige Mitteilungen machen. Erstens stehe mir heftige Kritik bevor, mehr als jedem anderen der hier anwesenden Leiter. Gott werde mir Gnade und Kraft geben, aber ein wahres Sperrfeuer von Vorwürfen stehe noch aus. Zweitens müsse ich lernen, mich noch abhängiger von Gott zu machen. Ich müsse mich täglich auf ihn verlassen, ganz spezifisch und bewusst. Und dann holte er einen wunderschön geschnitzten Bischofsstab aus Holz hervor. Ursprünglich gehörte er dem pensionierten Pastor Trevor Huddlestone, dem furchtlosen Ankläger der Apartheid in Südafrika, war dann aber nach ereignisreichen Jahren Gerald in die Hände geraten, und der überreichte ihn jetzt mir. Es war zwar nicht seiner, aber so ist er nun mal ...

„Du sollst ihn immer mitnehmen, wenn du im Dienst unterwegs bist. Er soll dich daran erinnern, dich täglich fest auf Jesus zu stützen. Manches Mal wirst du dir wünschen, ich hätte diese Prophetie nie ausgesprochen. Die Sache wird dir lästig sein, zu Verspätungen auf dem Flughafen führen, und einige werden erst einmal missverstehen, warum du diesen Stab rumschleppst.“

Dann betete er, und weiter erinnere ich mich nicht mehr. Es genügt zu berichten, dass Gottes Kraft und Stärke auf einen seltsam anzusehenden Typ mit farbenfroher Narrenkappe kamen, der krampfhaft einen Bischofsstab umklammerte.

Deshalb trug ich zwei Jahre lang das wunderbare, elende Ding bei mir, wenn ich predigte. Manche konnten es verstehen, manche lachten. Bei Spring Harvest gab mir einer den

Rat, ich könnte ja eine Anstecknadel in Form eines Bischofsstabs tragen, damit ich das Möbelstück selbst nicht immer zu schleppen brauchte. Zoll- und Passbeamte leisteten sich auf meine Kosten gern mal recht originelle Scherze.

Passbeamter: „O, da haben Sie ja einen richtig großen Stab – soll ich damit Prügel bekommen?“

Ich (breites Grinsen): „Nein, Sie wissen schon, das ist eine Antiquität …“ (Und knurrend denke ich: *„Ich würde dir sehr gern mal einen Schlag verabreichen, du Gehirnamputierter. O, da haben Sie ja einen richtig großen Mund. Soll ich damit verschlungen werden?“)*

Der Stab war mir im Weg. Er war immer das letzte Stück auf dem Gepäckband. Er ging im Flugzeug verloren – haben Sie schon mal probiert, eine Verlustanzeige für einen Bischofsstab auszufüllen? Außerdem war das Ding unhandlich. Ich bestieg damit einmal einen Zug und stieß ihn versehentlich einem Mitreisenden an den Kopf. Ich entschuldigte mich übereifrig, und zum blauen Fleck kam ein Zustand der Verwirrung. Was sollte ich auch sagen? „Entschuldigung, dass ich Sie geschlagen habe, aber Sie müssen wissen, dass es sich hierbei um ein prophetisches Accessoire handelt“? Ich bitte Sie!

Aber der Stab hat genau das bewirkt, was Gerald vorhergesagt hatte. Er diente mir als nervende, lästige Erinnerung, dass ich Tag für Tag auf Gott angewiesen bin.

Vor einer Weile hat eine Fluglinie den Stab endgültig verloren. Ich besitze immer noch den Knauf, aber der Stab verschwand auf einem Flug über den Atlantik. Also trage ich ihn wenigstens vorläufig nicht mehr herum. Wohl aber nehme ich ein Gespür für die Würde mit, die ich dank meiner Berufung als Hofnarr des Königs besitze. Und weiterhin lerne ich, wie realistisch es ist, sich auf Jesus zu stützen. Wir alle wissen, was er dazu gesagt hat: „Ohne mich könnt ihr nichts tun“ (Johannes 15,5). Tatsache ist, dass wir oft genug so leben, als ob er diese Worte nie gesagt hätte.

Ich habe noch etwas gelernt, das zum Leben als Narr für Jesus gehört. Ein Schauspieler, den ich einmal traf, erzählte mir, dass die Berufung zum Hofnarr, vor allem in den Stücken von Shakespeare, eine Berufung von Würde und Weisheit sei. Dem Hofnarren wird vom König ein Maß an Aufmerksamkeit und Freundschaft gewährt wie keinem anderen. Er ist in der Lage, die ungeschminkte Wahrheit auf einfachste und unterhaltsamste Art auszudrücken. Er ist ein unverzichtbarer Bestandteil des königlichen Hofs.

Eigentlich gar nicht so schlecht ...

Entscheidungen

Entscheidungen, Entscheidungen ...

Das Gebet traf den Nagel auf den Kopf.

„Wo steckst du, Gott?"

Ich boxte frustriert in ein Kissen, legte mich wieder auf das Hotelbett und starrte hoffnungsvoll zur nicht ganz so weißen Decke hoch. Die 20-stündige Reise hatte mich geschafft. Das Essen im Flugzeug war so dürftig gewesen, dass ich schon ein Gebet um prophetische Weisheit erwog, um es zu identifizieren *(„Ich habe einfach den Eindruck, dass ein Hähnchen mit Rückenverletzungen hier in unserem Raum ist.")*. Die Mitreisenden in der gedrängt vollen Touristenklasse waren auch nicht ohne. Ich saß neben einer lieben Frau, die sich mitten im Flug anschickte, ihr Baby an die Brust zu legen, ein vollkommen schöner und natürlicher Vorgang – aber sie verzichtete auf jede Vorwarnung. Gerade schluckte ich eine Erdnuss hinunter, da tauchte aus dem Nichts vor meiner Nase eine Brust von der Größe des Mount Everest auf. Ich schrie erschrocken auf, das Baby auch, und ich fing hastig an, für dieses unglückliche Kind zu beten, das als Erwachsener sicher unter irrationalen Ängsten vor Bergen leiden würde.

Jetzt litt ich an Jetlag und an Heimweh. Ich schloss die Augen und horchte mit Ohr und Herz: Vielleicht ertönte ja eine tröstliche, göttliche Stimme, hörbar oder innerlich, und flüsterte mir Gewissheit und Wegweisung zu. Aber da war nichts außer dem dumpfen Dröhnen des Verkehrs draußen hinter dem Fenster, das unablässige Klagelied der Zivilisation.

„Wo steckst du, Gott?"

Plötzlich brach der Wahnsinn meiner Mission über mir zusammen. Ich war 6000 Meilen geflogen, um hier zu predigen, hatte aber keine Ahnung, was ich sagen sollte. Von den Veranstaltern kam keine Anregung („Bring einfach mit, was der Herr dir aufträgt."). Schön! Aber gerade jetzt waren meine Hände leer. Der Himmel war stumm, und die absurde, sogar anmaßende Situation, in der sich ein winziges Wesen wie ich befand, im Auftrag des allmächtigen Schöpfers des Weltalls zu sprechen, brach wie eine riesige, erstickende Woge über mir zusammen. Hoffnung und Zuversicht waren wie weggefegt. Jetzt zappelte ich im eiskalten, dunklen Wasser des Zweifels.

Meine eigenen Worte überraschten und schockierten mich, als ich sie zur Decke hin sprach. „War es das dann, Jesus? Sind wir miteinander fertig, du und ich? Ist nach 25 Jahren alles zwischen uns aus? Wohin bist du verschwunden, Gott?"

Trübweißes Schweigen von oben – draußen summte immer noch der Verkehr.

Vielleicht haben Sie im Lauf der Jahre ja auch das eine oder andere Gespräch mit der Decke geführt. Von solchen Augenblicken darf man sich nicht aus der Fassung bringen lassen. Wenn man die Psalmen liest, findet man das Gebet: „Gott, wo bist du denn eigentlich?" großzügig über die Seiten verteilt. Vielleicht fragen Sie sich hin und wieder, ob es logisch ist, sein ganzes Leben einem Unsichtbaren zu widmen.

20 Minuten später war immer noch kein engelhafter Zimmerservice im Hotelzimmer aufgetaucht. Es passierte gar nichts, aber aus Gründen, die für mich nicht fassbar waren, hatte ich mich entschlossen, meine Gratwanderung im Dun-

keln fortzuführen. Manchmal ist der Glaube eine Entscheidung: die Entscheidung zu vertrauen.

Cassie Bernall, eine aufgeweckte 17-jährige Schülerin aus Colorado, hatte diese Entscheidung getroffen, nicht in der plüschigen Bequemlichkeit und Sicherheit eines Hotelzimmers, sondern angesichts einer kalten Gewehrmündung. Cassie las gerade in ihrer Bibel, als die „Trenchcoat-Mafia“, Eric Harris und Dylan Klebold, bis an die Zähne bewaffnet hereinmarschiert kam. Cassie war noch nicht lange gläubig, hatte aber auf dem Campus der Columbine High School in Denver als radikale Zeugin für Jesus schon Bekanntheit erlangt. Einer der Schützen fragte Cassie, ob sie an Gott glaube. Das Blut und die herumliegenden Leichen ließen keinen Zweifel daran, was ihr passieren würde. Sie reagierte ganz ruhig und entschied sich: „Ja, ich glaube an Jesus.“ Eine Sekunde später traf sie die Kugel, und sie war bei Jesus, den sie so sehr liebte. Am gleichen Abend fand ihr Bruder eine Textpassage aus dem Philipperbrief, die sie zwei Tage vor der Entscheidung, für ihren Glauben zu sterben, abgeschrieben hatte:

Darauf allein will ich vertrauen.
Ich möchte nichts anderes mehr kennen als Christus,
damit ich die Kraft seiner Auferstehung erfahre,
so wie ich auch sein Leiden mit ihm teile.
Ich sterbe mit ihm seinen Tod
und habe die feste Hoffnung,
dass ich auch an seiner Auferstehung teilhaben werde.

Eric Harris, einer der gestörten Killer, hatte auch eine Entscheidung getroffen. Sieben Tage vor dem Massaker war er in einem christlichen Café in Denver, das sich „Dienstag bei euch zu Hause“ nannte. Eine Band spielte, und dem Gitarristen zerriss eine Saite. Es dauerte eine halbe Stunde, eine neue aufzuziehen, also nutzte der Sänger die unvorhergesehene Pause, um in aller Deutlichkeit vom Evangelium zu reden. Dann hatte einer von den anderen Bandmitgliedern einen Eindruck von Gott: Es sei jemand im Raum, der einen Mord begehen werde oder gerade begangen habe. Er forderte diese Person auf, nach vorn zu kommen und für sich beten zu lassen. Niemand meldete sich.

Fragen wir also nicht danach, wo Gott war, als in den Klassenzimmern der Columbine High School Blut vergossen wurde. Er war mitten im Geschehen, und er versuchte, es schon vorher abzuwenden. Doch Eric Harris hatte sich entschieden. 13 Leben wurden ausgelöscht, bevor Eric und Dylan sich selbst töteten.

Nur 12 Leute kamen zur traurig düsteren Beerdigung von Eric Harris.

Bei Cassies Trauerfeier drängten sich die Menschen zu Tausenden. Die Polizei, der Staatsanwalt, Journalisten aus aller Welt, alle waren sie da, um Abschied von diesem Mädchen zu nehmen, das fest entschlossen stehen blieb und mit erhobenem Kopf sagte: „Ja, um jeden Preis." Und 75 Menschen entschieden sich an diesem Tag dafür, Christus nachzufolgen.

Entscheidungen, Entscheidungen ...

Der Bungeespringer

Der Mann hat Augen wie Stahl, in denen sich das tiefe Blau des Wildwassers weit, weit unter ihm spiegelt. Er beugt sich zum zehntausendsten Mal über die Brücke, als erwarte er etwas zu sehen, das sich vor ein paar Sekunden, beim letzten Blick in den Hexenkessel, seinem Blick noch entzogen hatte.

Da unten kocht das wirbelnde, brodelnde Chaos des Wassers, das Vergessen wartet auf ihn. Die Menge der Zuschauer ist bis zum Äußersten gespannt, wagt sich nicht zu regen, möchte, dass er seinen todesverachtenden Sprung absagt. Gleichzeitig aber wünscht man sich unbedingt, ihn endlich auf das Geländer klettern und fliegen zu sehen.

Endlich ist es soweit. Er überprüft ein letztes Mal das gut gesicherte Seil, er zieht sich hoch auf das schmale Geländer und streckt die Arme aus: Balance und Haltung in Vollendung. Hoch oben steht er, sein kühner Blick ist geradeaus gerichtet. Wenn auch der Körper unbeweglich ist, vollführt doch sein Nervensystem innerlich die wildesten Saltos. Nun ringt er mit seinem Verstand, der die natürlichen Warnsignale gellen lässt: Achtung, Höhe, Sicherheit, Tod, weißt du nicht, dass Menschen nicht fliegen können? Seine Augenlider senken sich, und langsam schaut er nach unten. Jetzt ist er auf dem Geländer, und nichts ist mehr zwischen ihm und dem Abgrund da unten. Er muss nur noch die Knie beugen, seinen Körper vorwärts und hinaus ins Nichts werfen: der Sprung an sich.

Sein Rücken ist immer noch stocksteif, jeder Muskel gespannt, das Adrenalin pulsiert durch seinen Körper. Und dann schlägt er seine ganze sorgfältige Vorbereitung in den Wind, durchbricht die Phase der Konzentration und dreht den Kopf der atemlosen Menge zu. Sie steht wie gebannt. Ein Lächeln würde sich nicht gut machen; das wäre zu trivial. In den Gesichtern zeigt sich ein ernster, sogar feierlicher Ausdruck: die nüchterne Anerkennung seiner Tapferkeit.

Jetzt die kritische Millisekunde, in der der Befehl an die Beine geht, sich ins Nichts zu stürzen. Vielleicht spürt er, wie letzte Ängste auf ihn einstürmen, der Schrecken der letzten Sekunde, und deshalb wirft er sich nach vorn, als wolle er vor der Lähmung fliehen, die von ihm Besitz ergreifen will. Nun schwebt er in der Luft. Er gleitet hinaus, und dann, als die Menge aufschreit, stürzt er hinunter auf die umtosten Felsen und die Gischt zu. Seinen Magen spürt er in der Kehle und weiß nun, was man fühlt, wenn man in Selbstmordabsicht vom Hochhaus springt. Der Wind peitscht ihm auf seinem scheinbar endlosen Sturz nach unten ins Gesicht. Es dauert nur zwei oder drei Sekunden, und dann nimmt er die Spannung des Bandes wahr, das sich unter seinem Gewicht dehnt. Stimmen die Berechnungen, dann sollte er jetzt abgebremst werden, so dass er die Stromschnellen nur mit ausgestreckten Händen berührt, bevor er zurückschnellt. Es funktioniert, und sein anmutiger Flug wird in ein komisches, unbeholfenes Geschaukel verwandelt. Der Vogel wird wieder zum Menschen eine hilflose, hüpfende Gummipuppe, die hoch geschleudert wird und fällt, auf und nieder. Er hat seine Furcht besiegt, ist angesichts des Todes gesprungen. Die Menge hoch oben jubelt, Stimmen aus einer anderen Welt. Er hat es getan. Er ist der Bungeespringer.

Was war es für ein Gefühl, Jesus, als du eines Tages über die Brüstung des Himmels hinunter schautest und dich bereit gemacht hast, den großen Sprung zu wagen? Hat dich der Anblick des dort unten tobenden Wahnsinns abgeschreckt? Wehten die üblen Gerüche sinnentleerter Religion herauf, ein Gestank zum Naserümpfen? Du solltest dich aus dem herrlichen Vaterhaus hinabbegeben, nach unten, nach unten, immer weiter hinunter in den trüben Morast aus Blut und Leid, ganz weit unten. Du solltest dich aus der Ruhe, der Schönheit und der Harmonie in unser verschwitztes, verbogenes Chaos stürzen; aus der Perfektion in das Gewitter aus Gewalt und Aufruhr; aus der Unsterblichkeit in den Schmutz und die Langeweile unserer Zeitläufe. Hast du dich nach den entsetzten Gesichtern der Engelscharen umgeschaut, die beim Anblick dieses heiligsten Opfers erblassten? Gab es einen Augenblick des Abschieds, als du in Bruchteilen von Sekunden den größten Reichtum aufgabst, um zu den Ärmsten zu gehören?

Es überfordert unseren Verstand, wenn wir die Größe des Geschehens erfassen wollen. Doch diese geistige Verausgabung ist gar nichts gegen die Gehirnakrobatik, die wir uns auferlegen, wenn wir über die Inkarnation Jesu nachdenken.

Können wir einen Augenblick lang auf Zehenspitzen heiligen Boden betreten und bedenken, wie Christus in seiner Herrlichkeit zu einem winzigen Embryo wurde? Welcher Gott kann eine solche Metamorphose vollbringen: Der Prinz geht über in ... einen Samen? Es ist ein Wunder, das die Speisung der Fünftausend bei weitem in den Schatten stellt. Vielleicht überragender noch als das leere Grab ist diese weiteste aller Reisen vom Thron des Himmels in den Schoß einer Jungfrau. Wir müssen den Blick wenden, wegschauen; unsere Augen und Herzen können diesen überwältigenden Schritt nicht fassen.

Es gab kein beruhigendes Band, das dich beim Sturz auf die Erde weich abbremste. Es war ein Sprung ohne Wiederkehr, es sei denn über Golgatha. Es ging hinunter, ganz nach unten, und dann wurde der König und Herr aller Schöpfung zum rosigen Baby, sein Krönungssaal war ein stinkender Stall. Die Engel konnten nicht widerstehen – die Herrlichkeit des Geschehens verlangte danach, den Himmel einen Spalt breit zu öffnen, und sei es nur für die einsamen Hirten bei ihrer Nachtwache. Weise Männer, denen ein Stern den Weg wies, kamen herbei, angelockt vom Widerhall des Wunders.

Wie jedes Baby hast du gefroren, empfandest Angst, Nässe, Schmerzen und Hunger. Wer hat je einen weiteren Weg zurückgelegt: vom Ursprungsort der Schöpfung in eine Krippe mit Heu, vom Gewand des Königs in eine klamme Windel?

Kein Ausweg, kein Notausgang, nur das Kreuz, das Qualen und höchste Belohnung bot.

Du bist zu uns gekommen, Jesus, und hast dein Zelt unter uns aufgeschlagen. Die mutigsten der Propheten, die

Engelboten konnten nicht tun, was du vollbracht hast. Wer hat je alles gehabt und warf es fort? Wo sind die Reichen, die freiwillig den Weg des Niedergangs wählten?

Doch eine andere Wahrheit noch ist Milliarden Mal schwerer zu begreifen als deine kaum begreifbare Inkarnation. Mein Verstand beginnt sich schon zu wehren bei der bloßen Vorstellung, dass dein Weg dich vom Thron ans Kreuz geführt hat. Doch dann ist es der *Grund* deines freiwilligen Sprungs, der uns wirklich taumeln lässt. Du standest am Geländer deines Himmels und hast dich hinabgeschwungen – für uns. Du hast hinabgeschaut, hast uns gesehen in all unserer Menschlichkeit ... und bist gesprungen.

Ein Job in Italien

Der Mann wirkt cool. Sein melodiöser Akzent schwingt sich tänzerisch, klangvoll, gar exotisch die Telefonleitung entlang.

„Jeeeef, mein lieberrr Frrreund, isse so gut, deine S-tiiimme zu hören ...“

Ich stellte mir das Gesicht hinter dem italienischen Akzent vor, der sich in mein Ohr kringelte. Er hatte wahrscheinlich seine dicke Ray-Ban-Sonnenbrille auf, die er bei jedem Wetter trägt und hinter der er die dunklen, treuen Hundeaugen und fein gemeißelten Wangenknochen verbirgt. Seine Züge falten sich ständig entweder zu einem Lächeln oder gar schrecklichem Zorn. Was die Kleidung angeht, gibt er sich als „Man in Black“: seidenes Designerhemd, makelloses zweireihiges Jackett, Hosen mit messerscharfer Bügelfalte. Und wenn er mit mir telefoniert, dann mit seinem winzigen Handy, ein unverzichtbares Anhängsel, in das er von früh bis spät flüstert, singt und schreit, schmeichelt, schimpft und überzeugt.

Sein Name ist Gaetano Sottille; er ist reinrassiger Sizilianer und sieht wirklich aus und hört sich an wie ein Darsteller aus *Der Pate*. Mit der Mafia aber hat er nichts zu tun – tatsächlich ging es in seinem Anruf um einen Plan, um der Mafia eine Ohrfeige zu verpassen. Als „Italiens Antwort auf Billy Graham" ist Gaetano ein feuriger Evangelist der Pfingstgemeinde. Er glaubt, dass jedes Wort, das sich für eine Predigt eignet, gern auch laut gesagt werden darf. Seine Arme bewegen sich wild wie Windmühlenflügel, und leidenschaftlich umwirbt er seine Zuhörer und befiehlt ihnen, sich für Christus zu entscheiden. Er ist ein feuriger Mensch, der unbedingt „Sällen rretten" will, wie er es ausdrückt. Der Name seiner Organisation kündet von dieser Leidenschaft: „Italia per Christo" (Italien für Christus). Voller Verachtung für religiöses Getue, das sich der Aufgabe versagt, die Suchenden zu Gott zu bringen, reist Gaetano durch ganz Italien, lässt Rednertribünen auf den Plätzen der Städte errichten und verkündet das Evangelium mit Donnerstimme jedem, der zuhören will – oder auch nicht.

Nun aber zurück zum Anruf aus Bella Italia. Gaetano trug sich mit einem ganz speziellen Projekt, daher sein Anruf. Er wollte sich mit einer riesigen christlichen Demonstration gegen die Mafia wenden. Im Jahr zuvor waren zwei Richter, darunter der berühmte Falcone, von einer Mafiabombe auf dem Weg zum Flughafen von Palermo in die Luft gesprengt worden. Die Weltpresse brachte eine Weile jeden Tag neue Schlagzeilen, doch nach ein paar Wochen gab es neue Themen, und die Welt fing an zu vergessen. Nicht aber Gaetano.

Der erste Jahrestag des Verbrechens stand bevor. Warum also nicht der Mafia mitteilen, dass es in Italien Menschen gibt, die für Blutvergießen nichts übrig haben? Die Mafia beanspruchte die Herrschaft über Italien. Warum nicht laut verkünden, dass Jesus Christus der einzige rechtmäßige König aller Völker ist? Der Plan war einfach: Gaetano ließ einen Aufruf an alle Gläubigen in Südsizilien ergehen. Sie sollten per Zug, Schiff und Auto in Palermo zusammenströmen und sich auf dem größten Platz der Stadt zu einer gewaltigen Protestversammlung einfinden. Auf den Plakaten sollte stehen: „Nieder mit der Mafia – Jesus lebt!" Es sollte ein Demonstrationszug durch die Stadt führen, begleitet von ein paar leicht bewaffneten Polizisten, und die Menschen sollten lautstark ihre Verachtung für die Mafia und ihre Verehrung für Christus kundtun. Als Gaetano mir nun am Telefon atemlos sein Herz ausschüttete und die Strategie beschrieb, wurde ich ziemlich nervös.

Brauchte er Bestätigung und erbat sich für ein so gefährliches Abenteuer Gebete von seinen britischen Brüdern und Schwestern? Vielleicht eine Satellitenschaltung aus Großbritannien direkt auf den Platz, zur Inspiration der tapferen Menge?

Bestätigung brauchte er nicht; dass wir für ihn beteten, war eine Selbstverständlichkeit, und das Wort Satellit kam nicht zur Sprache. Er wollte, dass ich *mitmache* ... persönlich. Dass ich an seiner Seite marschiere und zu den Demonstranten spreche. Mir schossen Visionen durch den Kopf, wie ich morgens aufwache und einem toten Pferd ins Auge schaue, das ein Typ wie Al Pacino netterweise direkt vor mein Bett gelegt hat; oder wie ich mit einem deutlich sichtbaren Fadenkreuz auf der Brust durch das feuchtheiße Palermo marschiere ...

Ich bin allergisch gegen die meisten Arten von körperlichem Schmerz. Ich wollte nicht nach Palermo. Gott wollte bestimmt auch nicht, dass ich nach Palermo gehe. Das teilte ich Gaetano mit. Es hörte sich natürlich ziemlich lahm an, wie ich stotterte, man müsse darüber beten, es sei nach meinem geistlichen Eindruck nicht stimmig usw. Solche Phrasen bieten sich an, wenn man auf ein wenig göttliche Bestätigung für das angewiesen ist, was man wirklich will – oder nicht will. Bei Sturköpfen wie Gaetano wirkt das nicht. Er schnaubte verächtlich, dann lachte er und meinte nur, ich würde also kommen. „Alles wirte gutt", sagte er. „Gott wirte mit uns sein", sagte er. *„Eine kugelsichere Weste, prego"*, dachte ich.

Der Marsch selbst war dann ein wunderbares, karnevalsähnliches Ereignis: ein Fest für die Macht der Liebe, die Hass und Gewalt überwindet. Es gab Gerüchte, Gaetano werde bedroht, doch er reagierte darauf mit einem Humor, so schwarz wie sein Anzug. Als wir gemeinsam an der Spitze des Zuges marschierten, flüsterte er mir ins Ohr: „Also, Jeff, falls du merkst, wie ein Auto neben uns her fährt mit einer dicken Kanone im offenen Fenster, dann lass dich nicht hindern, mir Bescheid zu sagen ... auch wenn ich mitten in einem wichtigen Gespräch bin."

Er lachte über seinen eigenen Witz und gab mir einen Klaps auf den Rücken. Ich lächelte und überlegte mir, ob mein Testament eigentlich noch aktuell war, und sann über die Vorstellung nach, wie sich eine Kugel ihren Weg durch warmes Fleisch bahnt – *mein* Fleisch. Mein Lachen über Gaetanos trockenen Humor fiel ziemlich piepsig aus.

Endlich kamen wir an dem Platz an, auf dem eine Menge von gespannten, schwitzenden Gläubigen wogte, die wild entschlossen waren, ihrem wahren Boss die Treue zu verkünden. Ich war einer von mehreren aus aller Welt eingeflogenen Rednern, die den überschwänglichen Demonstranten ihre Grüße brachten. Mit den Grußworten lief alles gut, und ein modernes Wunder geschah insofern, als etwa ein Dutzend wortgewaltige Prediger es schafften, sich auf jeweils knapp 60 Sekunden Redezeit zu beschränken. Man bedenke die Versuchung: Eine Bühne, eine Menge von Zuhörern, eine oder zwei Fernsehkameras – und man ahnt, dass die Kürze der Predigten ein Wunder in der Art der Auferstehung des Lazarus war.

Zwei Stunden später war die Veranstaltung vorbei, für mich jedenfalls. Doch als Gaetano und ich uns den Weg durch die sich zerstreuende Menschenmenge bahnten, schaute ich zu den Fenstern der Wohnungen am Hauptplatz von Palermo hoch. Nach echt italienischer Art hing die Wäsche zum Trocknen in der Sonne des späten Nachmittags. Ein paar Christen hatten Transparente vor die Fenster gehängt. Sie sahen aus wie die „Nichtraucher-Zeichen" – man kennt sie ja, ein roter Kreis mit einem Schrägstrich durch das Symbol der Zigarette. Auch diese Transparente zeigten rote Kreise, aber der Schrägstrich war durch das Wort „Mafia" gezogen – und neben diesem klaren Symbol stand das Wort „Jesus".

Am nächsten Tag verließ ich Sizilien, ein wunderschönes Land mit phantastischem Essen und märchenhaften Landschaften. Hier werden die Richter tagtäglich von einer Patrouille bewaffneter Polizisten bei jaulenden Sirenen vom Gericht nach Hause begleitet. Ich war auf eine Bühne gestiegen und in 60 Sekunden mutig geworden. Ich war eine Stunde lang in einem bunten Demonstrationszug von Gläubigen mitgelaufen, hatte Parolen für Jesus gerufen und am nächsten Tag ein Flugzeug nach Hause bestiegen, das mich in Sicherheit brachte, viele tausend Meilen von der Rache der Mafiosi entfernt.

Die Menschen aber, die ihre Anti-Mafia-Transparente aus dem Fenster hängten, wussten, dass sie sich unwiderruflich auf die Seite von Jesus gestellt hatten. Ihre Freunde und Nachbarn hatten gesehen, dass sie zu den Christen gehörten, die inmitten eines Furcht einflößenden Netzwerks internationaler Kriminalität Stellung bezogen und den wahren Herrn bezeugten: Jesus. Diese Entscheidung bewies echten Mut.

Glaube

Weiterschalten

Es war ein Abend zum Faulenzen. Ich räkelte mich auf dem Sofa, hatte die Fernbedienung in der Hand und zappte mich von Kanal zu Kanal. Scheinbar gab es eine Million davon, aber ich fand trotzdem nichts, was mich interessierte. Schon war ich drauf und dran, beim Teleshopping zu bleiben, so langweilig war mir.

Klick. Extrem alte Serie. Leben die Schauspieler noch?

Klick. Australischer Typ in Khakishorts ringt mit einem Alligator.

Klick. Dokumentarfilm über einen Finanzbeamten.

Klick. Der gleiche Australier, der sich eine Schwarze Witwe am Bein entlangkrabbeln lässt, bis sie so gefährlich dicht an den oben erwähnten Shorts ist, dass sie darin verschwinden könnte.

Klick. Christliches Programm. Bekannter Evangelist von der anderen Seite des großen Teichs. Vermute, dass seine Frisur mit einer Wette oder Mutprobe zu tun hat. Er sitzt auf einem riesigen vergoldeten Stuhl. Daneben seine Frau, die ihn verklärt anhimmelt. Die Weisheit jeder einzelnen seiner Bemerkungen lässt ihr scheinbar den Atem stocken. Leise Hintergrundmusik, vermutlich eine Orgel. Eine Telefonnummer auf dem Fernsehschirm, darunter auch noch ein Visakarten-Symbol. Hurra – Gott nimmt auch Kreditkarten!

Mein Finger auf der Fernbedienung zögert ein Weilchen.

„Du brauchst heute Abend nur ein finanzielles Samenkorn ins Feld meines Dienstes einzupflanzen, mein Freund, und ich verspreche dir, Gott wird diesen Samen hundertfach segnen."

Elegant sieht er ja aus in seinem 1000-Dollar-Anzug. Er erinnert mich an den aalglatten Schwindelprediger, den Steve Martin in dem unangenehm lebensechten Film *Der Scheinheilige* verkörpert hat. Seine tiefblauen Augen blicken ernst und Vertrauen erweckend, er unterstreicht seinen Spendenaufruf mit Bibelstellen, von denen die meisten aus dem Alten Testament stammen – und meistens völlig aus dem Zusammenhang gerissen wurden. Die Orgel spielt leise und hypnotisch, ein musikalischer Tranquilizer. Ich stelle mir liebe alte Damen vor, die jetzt ihre Katze absetzen, die sie gestreichelt hatten, und nach der Handtasche greifen, manche aus schlechtem Gewissen: Gott ist doch das Wichtigste im Leben, oder? Andere kramen nach Briefmarken und Umschlägen, weil sie ehrlichen Herzens glauben, dass sie die Sache des Glaubens fördern, wenn sie diesem Mann Geld schicken. Andere gehen dem Appell der „konkurssicheren Investition" auf den Leim – so die marktschreierische Kernaussage des evangelistischen Verkaufskonzepts.

Das reicht!

Klick. Der Australier macht einen sehr nervösen Eindruck. Die Spinne erkundet jetzt das Hosenbein.

Klick. „Liebe Freunde, Gott hat mich nämlich in diesen Dienst berufen, um für euch in die Bresche zu springen und euch von den finanziellen, emotionalen und geistlichen Ketten zu befreien, die euch fesseln. Wenn ihr eure Liebesgabe einschickt, wenn ihr diesen Scheck für mich in den Briefkasten steckt, dann schließt ihr mit mir einen vertraglichen

Bund, und ich werde euch im Gebet unterstützen und im Namen Jesu *diese Ketten in eurem Leben zerbrechen ...*"

Inzwischen bin ich sehr wütend und will diesem Kerl gern an die Gurgel. Ich drücke die Stummschaltung auf der Fernbedienung, sehe ihm aber weiter zu, wie er jetzt die Hände im bittenden Gebet ausstreckt. Seine Frau tupft sich die Tränen aus den perfekt geschminkten Augen.

Warum bin ich so sauer? Wenn dieser Mist den Menschen hilft und sie tröstet, warum rege ich mich dann auf? Ich denke über meine eigenen Gefühle nach, während der Evangelist immer noch stumm seine dringende Botschaft auf der Mattscheibe verkündet. Zum Teil stört mich sein Stil, das Aalglatte, das Übertriebene daran, das die Botschaft so schmierig macht. Zum Teil hängt meine Wut mit der Theologie zusammen, die eine Beziehung zu Gott anscheinend auf nichts weiter als ein gutes Geschäft reduziert, auf ein Erfolgsrezept, eine neue Form des amerikanischen Traums. Ich reagiere nervös auf ein Evangelium, in dem es um Prinzipien, Gesetze und Pläne geht. Das Evangelium ist keine Einladung auf die Stufenleiter des Erfolgs. Hier geht es nicht einmal um die „Vier geistlichen Gesetze". Es geht um die Person Jesus und meine ganz persönliche Freundschaft mit ihm. Ich wehre mich auch gegen die Vorstellung, es gebe bestimmte „Gurus", die Gott als Vermittler von Wohlstand und Heilung berufen hat, die zwischen Gott und seinem Volk stehen – sozusagen als neue „charismatische Priesterschaft".

Heute ist es mir möglich, den Grund für meinen Ärger deutlicher zu erkennen. Es handelt sich um eine Wut, deren Keim vor Jahren an einem frühen, frostigen Morgen in Oregon gelegt wurde. Ich habe diese Wut ausgebrütet, als ich mit einem Freund an einem Zwiebelfeld stand, ausgerechnet da.

Ich stand ihm sehr nah, meinem Freund, dem Zwiebelpflanzer. Er und seine Frau lebten in unserer Nähe und waren sehr nett zu Kay und mir gewesen. Wir hatten viele

Abende an ihrem Küchentisch gesessen und über Gott, das Leben und unsere Hoffnungen und Träume für die Zukunft geredet. Mein Freund versteifte sich auf die so genannte „Name it and claim it"-Lehre (etwa: „Wünsche im Glauben beanspruchen"), teils durch das christliche Fernsehen, teils durch Bücher und Kassetten begünstigt, und seine Familie fing an, unter diesem verdrehten Anspruch zu leiden. Es gibt eine fast schon abgenutzte Redensart: „Falsche Theologie ist ein harter Zuchtmeister". Die Wahrheit hinter diesem Sprichwort bekam diese Familie bald zu spüren. Die Kinder waren krank geworden, und der Vater wollte sie erst nicht zum Arzt bringen. Er verkündete: „Es ist ein Zeichen von Unglauben, nicht auf Gott allein im Hinblick auf ihre Heilung zu vertrauen." Das lief darauf hinaus, dass eins der Kinder fast starb. Schließlich wurde der Arzt geholt.

Doch das Ereignis, das sich am tiefsten in meine Erinnerung einbrannte, war der eine Morgen, als sehr früh das Telefon klingelte. Es war mein Freund, der Farmer. Ob ich wohl mal mit ihm aufs Feld mitkommen könnte, um nach seinen Zwiebeln zu schauen? Er machte einen sehr nervösen Eindruck. Diesmal verzichtete er auf sein übliches geschwollenes „Kanaanäisch".

Während ich zu ihm hinüberfuhr, fragte ich mich, warum er mit mir nach seinem Feld schauen wollte – und schon fürchtete ich, die Antwort zu kennen. Ich hatte gehört, dass seine Ernte riesig ausfallen sollte. Sie wurde von Tag zu Tag mehr und mehr überfällig – und zwar wegen seines „Glaubens". Er hatte ein paar Musterexemplare zu einer Ausstellung mitgenommen, bei der sie den ersten Preis gewannen. Die Zwiebeln waren riesengroß. Die ganze Ernte war Hunderttausende Dollars wert, hätte alle seine Verbindlichkeiten finanziert und das Auskommen der Familie für das kommende Jahr gesichert. Doch statt sie sofort zu ernten, ließ er sich auf „ein Wort von Gott" ein, ließ die Zwiebeln auf dem Feld und „beanspruchte im Glauben", dass sie noch größer würden. Er spottete über die Warnungen der anderen Farmer, wie gefährlich ein früher Frosteinbruch für die Ernte werden könnte. Das sei doch nur „Unglaube“, sagte er. Er versteifte sich darauf, der Herr werde ihn mit einer unvorstellbar reichen Ernte beschenken und seinen Glauben und sein Konto segnen. Hier herrschten nämlich bisher die roten Zahlen.

Eine Stunde später sollte ich die furchtbare Realität aus erster Hand erleben. Mein Freund hatte gebetet, bekannt und geglaubt. Doch morgens war der Frost gekommen und hatte die ganze Ernte vernichtet. Wir hatten den Wetterbericht gehört und mussten jetzt aufs Feld, um nachzusehen, ob seine Befürchtungen sich bewahrheiten würden. Schweigend fuhren wir los und betraten dann das knüppelhart gefrorene Feld. Ihm kamen die Tränen und mir auch, als er eine unbrauchbare Zwiebel nach der anderen aus der steinharten Erde zog. Mit einem gequälten Aufschrei schleuderte er eine besonders große Zwiebel über das Feld. Alles war verloren! Die Erntezeit war vorbei. Jetzt musste er jemanden dafür bezahlen, die nutzlosen Zwiebeln aus der Welt zu schaffen. Vielleicht konnte er damit noch ein paar Cents pro Tonne als Schweinefutter verdienen.

Die eigentlichen Kosten waren viel höher. Die ausstehende Rekordernte war für seine Frau der letzte Strohhalm gewesen. Sie beantragte die Scheidung: Eine christliche Familie zerbrach. Doch nun kam noch bitterste Ironie dazu.

Sogar das, so mein ehemaliger Freund, sei der Wille Gottes für sein Leben. Der Herr befreie ihn von der Last, die Frau und Familie bedeuteten, so dass er sich ganz dem Dienst widmen könne, zu dem Gott ihn berufen habe. Der „lästige Anhang“ weinte, als der Vater mit einem Lächeln auf dem Gesicht und mutigem „Glauben“ im Herzen sein Zuhause verließ.

Noch einmal sah ich mir das Gesicht des Predigers im Fernseher an. Ich hätte den grinsenden Evangelisten gern nach seiner Meinung über meinen Freund, den Zwiebelpflanzer, gefragt. Ich weiß allerdings, was er geantwortet hätte. Er würde behaupten, mein Freund habe sich der Überheblichkeit schuldig gemacht. Er würde mir sagen, die schlechten Erfahrungen eines Mannes änderten nichts an der grundsätzlichen Wahrheit. Er würde mir sagen, dass es viele aufrichtige und ehrliche Fernsehprediger gebe, und damit hätte er Recht. Er würde dabei bleiben, dass es absolut falsch und ungerecht sei, einen christlichen Leiter abzuwerten, weil sein Wirkungsbereich zufällig das Fernsehen sei – und damit hätte er sicher auch Recht. Er würde mir sagen, dass Gott in der Tat unser Versorger, unsere Quelle sein möchte. Wieder richtig.

Doch den Tag auf dem Zwiebelfeld kann ich niemals vergessen. Ich erinnere mich an die Tränen. Ich denke an vier Kinder ohne Vater und an eine Frau, die nachts wach liegt, keine Ruhe hat und sich bestürzt der verletzenden Erkenntnis stellt: Der Mann, dem sie ihr Leben versprochen, der ihr sein Leben versprochen hatte, sieht sie jetzt als Last – als Bürde, von der Jesus ihn befreit habe.

Ich drücke noch einmal auf die Stummschaltung und mache den Ton wieder an: „Dann gute Nacht, meine Freunde, und Gott segne euch alle. Meine Frau und ich ..."

Klick. Der Australier hat die Spinne gefunden, die ihm ins Hosenbein gekrabbelt war.

Turbovögel

Ich gebe es nur ungern zu, aber ich habe lange unter einer hässlichen Dosis Zynismus gelitten. Ich hatte die Mätzchen amerikanischer Glaubensprediger satt und war von Dumpfheiten wie „Der Herr ist so gut, er hat mir einen Parkplatz geschenkt“ ausgelaugt. Damit will ich nicht sagen, dass der Schöpfer des Weltalls nicht auch mal seine Zeit mit der Suche nach Freiräumen für die Autos seiner Nachfolger verschwenden dürfe, sollte er diese Neigung verspüren, doch mir schien, dass Wichtigeres seine Aufmerksamkeit erheischen müsse. Dass alle vier Sekunden ein Kind verhungert, wäre das vielleicht ein würdiges Alternativthema? Je länger ich aber die Vorstellung ablehnte, Gott sei der Erretter aus der Parkplatznot, desto mehr kam ich an einen Punkt, an dem ich den Gedanken überhaupt nicht mehr zuließ, dass er sich in die Kleinigkeiten meines Lebens einmischt. Denken wir mal darüber nach: Bei uns, die wir zu dem einen Drittel der Weltbevölkerung gehören, für das Überfluss selbstverständlich ist, könnte man nach dieser Theorie ja jede Art Bittgebet (außer in Fällen von Leben und Tod) für unnötig halten. Ich hatte den Vater im Himmel aus den Augen verloren, der selbst mit den langweiligsten Details unseres Lebens zu tun haben will.

Wir wollten umziehen. Wenn Christen in Führungszirkeln den Wunsch nach einem größeren Haus äußern, dann entschuldigen sie dieses ehrgeizige Vorhaben meist mit einer nützlichen Einschränkung: „Natürlich wollen wir das größere Haus nur, um Gäste aufnehmen zu können.“ Wir aber wollten das größere Haus wirklich aus Gründen der Gastfreundschaft. Ehrlich. Glauben Sie mir doch bitte. Ist so. Wir wollten das größere Haus natürlich auch für uns, aber die Gastfreundschaft stand ganz oben auf der Liste.

Wir brachten unser hübsches Haus mit drei Zimmern und Terrasse in den Immobilienanzeigen unter und waren von der Reaktion, nun ja, sozusagen unterwältigt. Ganze zwölf Monate stand es zum Verkauf wie ein Mauerblümchen beim Tanze. Im Laufe des Jahres schauten zwei Paare vorbei und sahen es sich an, ließen dann aber nichts mehr von sich hören. Dazu kam noch ein Problem: Wir konnten sowieso kein Haus finden, das wir kaufen wollten. Die wöchentliche

Treibjagd in den Immobilienanzeigen der Lokalzeitung war umsonst gewesen. Wir konnten weder unser Haus verkaufen noch ein neues zum Kauf finden.

Mit aller Zurückhaltung beteten wir. (Eigentlich war ich der Zögerer. Kay hat sich nie von der Vorstellung peinigen lassen, dass Gott viel zu beschäftigt sei, um sich in unseren Häuserkauf einzumischen.) Wir flohen nicht in die Wüste, beteten nicht nonstopp 40 Tage und Nächte. Wir haben nicht gefastet. Im Grunde haben wir uns nicht großartig angestrengt, sondern eher „Gott die Sache in die Hand gelegt" (sie nebenher erwähnt, als wir einmal morgens gemeinsam gebetet hatten). Es wurde „Amen" gesagt, und dann passierte wie immer erst mal gar nichts. Kein Engel für Immobilienangelegenheiten erschien uns, um zu verkünden, siehe, wahrlich, das Flehen sei erhört worden und eine Behausung sei auf dem Wege. Wir haben einfach nur Gott davon berichtet und ihn und uns bei der Gelegenheit an die Tatsachen erinnert, die ihm sowieso schon bekannt waren, und ihn um Hilfe gebeten. Meine Erwartungen waren gering.

Ein paar Wochen danach holten wir unseren Sohn ab, der bei einem Freund auf der anderen Seite der Stadt zum Spielen war. Wir hatten das Haus dieser Familie immer bewundert, wenn wir unsere Kinder einsammelten. Drin waren wir noch nie gewesen, doch aus der Entfernung machte es einen ruhigen, friedlichen Eindruck, allerdings weit jenseits unseres Etats. Unser Sohn ließ sich nicht blicken. Ich stellte den Motor ab und war froh über die Pause.

Dann geschah es. Als wir dort so saßen und die Strahlen der spätnachmittäglichen Sonne genossen, die durch die üppig grünen Bäume schienen, fing das Singen an. Die Bäume waren voller Vögel, die anscheinend einen überaus glücklichen Tag feierten. Ihr Lied war laut und klar, eine satte, chaotische Symphonie. Ich machte eine Bemerkung zu den Geräuschen.

„Kay, hör mal, die Vögel ..."

Kay erwiderte: Ja, sie könne die Vögel hören.

„Hör mal diesen Klang, wie sie singen ..."

Kay, die vielleicht besorgt war, dass ich meine poetischen Anwandlungen bekäme, versicherte, dass sie den Gesang der Vögel sehr wohl bemerkt habe. Vögel beschäftigten sich damit die ganze Zeit. Vögel singen nun mal, sagte sie.

„Nein ... es ist hier etwas Besonderes ... der Klang beim Singen."

Ich wurde in meinen Gedanken von Richard unterbrochen, der ins Auto geklettert kam. Ich startete und fuhr los. Vielleicht fragte sich Kay, ob ich eine Untersuchung in der Nervenklinik nötig hätte. Aber ich hatte die Vögel singen gehört. Aus irgendeinem Grund, den ich nie im Leben hätte benennen können, lag in diesem Moment etwas ganz, ganz Wichtiges.

Ich vergaß das Vogelkonzert, bis wir ein paar Wochen später einen Gast aus Amerika hatten, der in unserer Kirche predigte. Dale Gentry ist ein ruhiger, bescheidener Mensch, der die beinahe unheimliche Gabe hat, das leiseste Flüstern aus dem Himmel wahrzunehmen. Persönlich war er mir noch nicht bekannt, und er wusste nichts über uns, aber bei einem kleinen Treffen der Gemeindeleitung wandte er sich an Kay und mich und fragte sehr interessiert, ob es einen Bereich in unserem Leben gebe, für den er mit uns beten solle. „Ja", sagte ich, „da gibt es was. Wir sind dabei, unser Haus zu verkaufen und eins zum Kauf zu finden." Ob er bitte darüber mit uns beten wolle? Er war einverstanden.

Ein paar Minuten lang passierte nichts Besonderes. Dann blickte er auf, tippte mir auf die Schulter und sagte etwas, das ich nie vergessen werde.

„Gott hat ein Haus für euch, Jeff und Kay. Ich sehe es gerade jetzt in einer Vision; es ist von lauter Bäumen umgeben. Richtig, ich kann die Vögel in den Bäumen singen hören ..."

Ich lächelte dem Mann zu und schenkte ihm meinen freundlichsten Blick. Doch innerlich verspürte ich sofort eine Flut von Zynismus. Er hörte also die Vögel singen, soso. Genau in diesem Moment hörte auch ich ein paar Vögel singen, und alle schrieen sozusagen: „Kuckuck!". Dann erinnerte ich mich. Ich erinnerte mich an den Augenblick, als wir vor Wochen vor dem Haus saßen, das wir schon immer bewundert hatten, und die Vögel singen hörten.

Dale fuhr fort: „Gott wird euch dieses Haus bekommen lassen ... Gott sagt, holt euch dieses Haus, holt euch dieses Haus."

Ich wurde wieder unsicher. *Holt euch dieses Haus?* Nicht nur überstieg der Wert bei weitem unseren Etat, sondern es stand auch meines Wissens nicht zum Verkauf – ein nicht ganz unwichtiges Detail. Was sollte ich machen: zum Vogelgesangshaus fahren, die Tür eintreten und dem unglücklichen Eigentümer sagen: „Raus mit euch – ich habe die Vögel singen gehört"?

Der Gottesdienst ging zu Ende, und wir fuhren nach Hause, gespannt und verwirrt: Wir wussten, dass Gott auf höchst ausgefallene Art zu uns geredet hatte, aber wir waren überhaupt nicht in der Lage, sein Wort zu verarbeiten und unsere Schlüsse daraus zu ziehen. Was tun? Nichts? Warten?

Ein paar Wochen später bekam Kay einen Anruf. Es war die Mutter von Richards Freund – die Dame, die im Haus mit dem Vogelgesang wohnte. Sie wollte, dass Richard und ihr Sohn, die beiden sehr guten Freunde, sich so bald wie möglich treffen sollten. Sie erklärte, warum sie es so eilig hatte.

„Mein Mann ist ganz plötzlich und unerwartet befördert worden. Wir ziehen bald weg und ich möchte gern, dass unsere Kinder noch einmal miteinander spielen können."

Kay machte einen Termin für die beiden Jungs aus und schickte sich an, die wichtige Frage zu stellen: Hätten sie denn vor, ihr Haus zu verkaufen?

„Ja", sagte die Dame, „natürlich."

Hatten sie denn schon einen Makler mit dem Verkauf beauftragt?

„Nein, noch nicht", sagte die Dame; die Nachricht von der Beförderung habe sie gerade erst erreicht. Sie wollten es allerdings in ein paar Tagen in die Zeitung setzen.

„Können wir uns Ihr Haus gleich mal anschauen?", fragte Kay. Ich hörte mit halbem Ohr dem Telefongespräch zu und wollte meinen Ohren nicht trauen.

„Ja, gern", sagte die Dame. „Kommen Sie doch gleich rüber."

Holt euch das Haus, hieß das prophetische Wort. Wir jagten durch die Straßen und wünschten uns, wir hätten ein Blaulicht auf dem Dach. Zehn Minuten später waren wir im Haus und schauten uns im Erdgeschoss um. Jetzt waren wir im Garten. Ich war so gespannt, dass mir der Atem stockte.

„Wir würden Ihr Haus gern kaufen", sagte ich.

„Sie haben ja noch gar nicht das Obergeschoss gesehen", erwiderten die beiden.

„Natürlich müssen wir uns auch oben umsehen", sagte ich und dachte bei mir: *Egal, was oben ist, ich habe die Vögel singen gehört.*

Nachdem wir pflichtschuldig die oberen Gemächer begutachtet hatten, handelten wir einen Preis aus und besiegelten den Kauf per Handschlag. Unser Handel war aber an eine Bedingung geknüpft: Wir mussten unser eigenes Haus bis zum Ende der Woche verkauft haben. Sie wollten ja schnell umziehen und ihr Haus verständlicherweise einem Makler zur Vermittlung überlassen, wenn wir unser Haus nicht bis Freitag, 17.00 Uhr, verkauft hätten.

Wir gingen langsam die Einfahrt entlang zu unserem Auto. „Wir verkaufen unser Haus auf jeden Fall bis Freitag um fünf, auch wenn es schon ein Jahr lang auf dem Markt ist", sagte Kay.

Ich schaute hinauf zum leeren blauen Himmel. „Jawohl“, erwiderte ich zustimmend.

Ein paar Tage später rief unser Makler an. Da wolle ein Mann sich unser Haus anschauen. „Schicken Sie ihn gleich her“, sagten wir.

Wir beteten dringlich, verwegen und verkrampft. Als ich den Mann durchs Haus führte, musste ich mich dazu zwingen, nicht Dinge zu sagen wie: „Und das ist der Hängeschrank, *in Jesu Namen!*“

Die Besichtigungstour war zu Ende. Ich fragte den Mann, was er von unserem Haus halte. Ich machte mir sehr, sehr große Hoffnungen. Er sagte mir, das Haus sei genau das, was er suche, dankte mir für die Besichtigung und ging.

Noch zwei Tage bis zum Ablauf des Ultimatums für das Vogelhaus. Am nächsten Tag rief unser Makler wieder an: „Der Mann von gestern würde sich heute gern noch mal umschauen, diesmal aber mit seiner Frau. Wäre Ihnen das Recht?“ Wir erwiderten, wir könnten die beiden ganz bestimmt noch im Terminkalender unterbringen.

Wieder eine Besichtigung. Beifälliges Brummen, als wir unser neues Bad vorführten. Vielleicht die Andeutung eines Lächelns, als die neue Küche präsentiert wurde. Ende der Besichtigung. Große Frage: Was hielten sie von unserem Haus?

Das Paar versicherte in Stereo, das Haus sei genau das, was sie suchten, man bedankte sich für die Besichtigung und ging. Ich schloss die Eingangstür hinter ihnen, ein bisschen zu nachdrücklich, und teilte Kay mit, ich habe auch eine Vision – tote Vögel, wie sie aus dem Baum fallen.

Warum hat Gott so viel Spaß am Ablauf eines Ultimatums und an Gebetserhörungen, die gerade so auf den allerletzten Drücker daherkommen?

Es kam der Freitag, der letzte Tag, das 17.00-Uhr-Ultimatum.

Um 16.00 Uhr klingelte das Telefon. Ich stürzte mich darauf. Es war unser freundlicher Makler, der ganz nüchtern ankündigte, dass das Paar von gestern unser Haus gern kaufen würde und ein Angebot gemacht habe. Ich fing an zu rechnen. Das Angebot war zu niedrig.

„Das reicht nicht", sagte ich dem Makler, der mir versprach, die Botschaft an die Kaufwilligen weiterzugeben und mich zu benachrichtigen, wenn es Neuigkeiten gäbe. Ich legte auf und sah auf die Uhr. Noch 55 Minuten bis zum Verkauf.

Wieder klingelte das Telefon, und der Makler sagte, das Paar wolle unser Haus auf jeden Fall und würde auch den von uns geforderten Preis zahlen. Ich dankte dem Makler, informierte Kay, dass die Vögel wieder auferstanden seien und schickte mich an, durch das Zimmer zu tanzen. Doch zuerst rief ich im Vogelhaus an und teilte den Besitzern mit, wir hätten verkauft, das Geschäft sei gültig.

Am nächsten Tag predigte ich bei einer Evangelisation und erzählte unsere Vogelhaus-Geschichte. Sechs Menschen entschieden sich, Jesus nachzufolgen. Einer davon stellte fest: „Als Sie die Geschichte von den Vögeln erzählten, wusste ich, dass es entweder einen Gott gibt – oder dass Sie lügen."

Wir wohnen jetzt schon vier Jahre im Vogelhaus. Immer noch stimmt mich die „Glaubensmethode" traurig, die aus dem Glauben an Jesus und das Gebet Wohlstand saugen will. Doch jeden Morgen, wenn ich die Einfahrt entlanggehe, bin ich sowohl dankbar als auch vorsichtig. Wenn wir zu sehr gegen das Wohlstandsevangelium predigen, dann hindern wir Gott daran, sich in die monetären Details unseres Lebens einzumischen. Unsere Geschichte ist also kein Rezept, keine Formel oder Strategie für Wohlstand. Machen wir uns einfach klar, dass Gott sich für uns interessiert und alles kann.

Gastfreundschaft bedeutet, dass wir eine Menge Besucher bei uns haben. Sie äußern sich oft darüber, wie friedlich es bei uns ist und wie schön die Vögel singen. Manchmal wecken uns die Vögel schon vor der Morgendämmerung mit ihrem vielstimmigen Gesang.

Wir haben das Haus mit den Turbovögeln.

Der Schlüsselanhänger

Ich blickte über das Meer der Gesichter, aus denen die Gemeindeversammlung am Sonntagmorgen bestand. Alle waren ungewöhnlich aufmerksam. Manche beugten sich vor, die Ellbogen auf die Knie gestützt, die Hände unter das Kinn gestemmt, offensichtlich auf die nächsten Worte gespannt. Eine junge Frau in der ersten Reihe wischte sich schnell noch eine Träne fort. Ich wusste, warum. Sie hatte gerade ihr erstes Kind zur Welt gebracht und erfahren, dass sie an multipler Sklerose litt. Während der Schwangerschaft hatten sich die Symptome glücklicherweise zurückgehalten, doch als sie aus dem Wochenbett aufstand, kamen die Schmerzen wieder. Zehn Reihen dahinter saß eine ältere Dame, deren Gesicht vom Krebs ausgezehrt war, der in ihr wuchs. Ihre Lebenserwartung war nur noch gering, und vor Beginn des Gottesdienstes hatte ich mit ihr gebetet. In ein paar Tagen würde sie wohl sterben. Ihre Augen waren von der Traurigkeit umwölkt, die man verspürt, wenn die Zeit abläuft.

An diesem Morgen predigte ich über das Leid, über die Gefühle, die uns überwältigen, wenn Gott Lichtjahre weit weg ist oder überhaupt nicht zu existieren scheint. Ich hatte meine eigene Geschichte als Christ sehr ehrlich dargestellt. Gott ist sehr freundlich mit mir umgegangen; mein Leben war reich an seinen Einsätzen und seiner Fürsorge. Man sollte meinen, dass ich nie ein Problem mit Zweifeln hatte. Dem ist aber nicht so.

Es gibt unerwartete Augenblicke, in denen ich anfange, Fragen zu stellen. Manchmal liegt mir der Zweifel aus kaum nachvollziehbaren Gründen drückend auf dem Herzen. Ich fahre nach der Predigt, nach einem Gottesdienst nach Hause. Vielleicht war es einer von den Gottesdiensten, in denen die Gegenwart Gottes wie ein sanfter Kuss zu spüren war. Vielleicht haben sich manche Besucher dazu entschieden, Jesus nachzufolgen; andere waren so nett, mir zu sagen, dass meine Worte ihnen neue Lebenskraft verliehen haben oder dass ihnen eins von meinen Büchern geholfen hat. Ich sollte mich ermutigt und glaubensstark fühlen, während ich hinter den unermüdlichen Scheibenwischern mein Auto nach Hause lenke.

Aber der Zweifel stellt sich bei mir nicht unbedingt dann ein, wenn ich vor großem Schmerz und Leid stehe und die willkürliche Spur des Bösen in der Welt sehe. Manchmal passiert es mitten in den Nachwirkungen großen Segens, dass ich dieses Fragezeichen in meinem Kopf beharrlich verspüre. Was wäre, wenn es gar keinen Gott gäbe?! Wenn ich meinem Lebensweg eine furchtbar falsche Wende gegeben habe? Immerhin bin ich Christ geworden, als ich erst 17 war, ein Alter, in dem man recht leicht zu beeindrucken ist. Verschreiben sich nicht viele junge Leute dem Marxismus und entdecken dann später, wenn sie reifer sind, dass sie für das Falsche geschwärmt hatten? Was, wenn meine Bekehrung nur das Ergebnis eines momentanen Gefühls, eines überzeugenden Redners, des Gruppenzwangs, meines Bedürfnisses nach Zugehörigkeit gewesen war?

In der Frühzeit, als frisch Bekehrter, ließ ich mich kaum vom Zweifel beeindrucken. Wenn ich mich recht erinnere, hatte ich eher das Gefühl, alle Antworten auf die unbequemen Fragen des Lebens zu kennen, klar und übersichtlich, vielen Dank auch. Krankheit und Schmerz? Gut, die hatte ich mir geschickt (und nicht zu Unrecht) durch die logische Überlegung erklärt, dass wir in einer gefallenen Welt leben und dass die Kranken wahrscheinlich nicht genug glaubten (ziemlich verhängnisvoll). Es kam mir nie in den Sinn, dass meine aalglatten Lehren nur auf Sprüchen aufgebaut waren und erst recht Leid über Menschen brachten, die über Krankheiten nicht nur diskutieren wollten, sondern sie täglich ertragen mussten. Das zweite Kommen Christi? Leicht! Ich konnte den ungefähren Termin der Wiederkunft Christi anhand einer Tabelle aus meinem christlichen Bücherladen bestimmen. Doch das pure Leben hatte mich dann von den frühen Gewissheiten zu einer mehr agnostischen Denkweise bei einigen heiklen Themen gebracht. Manchmal aber konnte diese agnostische Einstellung in einen vorübergehenden, milden Atheismus übergleiten.

An diesem Sonntagmorgen also hatte ich der Gemeinde von meinen nächtlichen Glaubenskämpfen berichtet. Ich hatte den Zuhörern versichert, dass sie normale Menschen seien und keine großen Sünder, wenn auch sie ihre Kämpfe erlebten. Die Unfähigkeit, alles zu verstehen und der daraus resultierende unvollkommene Glaube sind Teile des menschlichen Wesens. Paulus klagt im Brief an seine Freunde in Korinth darüber, dass wir das Leben wie durch eine verzerrende Linse betrachten. Die große Hoffnung der Christen besteht darin, dass wir eines Tages deutlich und klar sehen können. Unsere Augen sind dann auf Jesus gerichtet. In der Zwischenzeit leben wir wie auf der dunklen Seite des Mondes. Wir erkennen nur einen winzigen Schimmer der Herrlichkeit Gottes, stecken selbst aber mitten in einer dauerhaften Dunkelheit und lassen uns von allem ablenken, was das Leben auf der Erde mit sich bringt.

Ich hatte auch von einem besonders schwierigen Glaubenskampf erzählt, der mit dem Mord an der kleinen Sarah Payne zu tun hatte, einer aufgeweckten, hübschen 8-Jährigen, deren Schicksal die gesamte Nation im Innersten berührt hatte. Die Medien berichteten ständig davon und zeigten unter anderem die herzzerreißenden Appelle von Sarahs

Eltern, Brüdern und Schwestern an die Entführer. Das ging den Menschen ans Herz. Tag für Tag hofften wir, dass sie gefunden würde, und wenn wieder ein Tag vorüber war, war die Hoffnung wieder ein wenig kleiner geworden. Schließlich kam der gefürchtete Tag, an dem die Polizei mitteilte, eine noch nicht identifizierte Kinderleiche sei gefunden worden. Wir alle wussten, dass sie es war. Doch vor allem der folgende Tag ließ mich aufhorchen. Ein paar Jugendliche, die in der Gegend, in der man Sarah fand, per Anhalter unterwegs gewesen waren, meldeten sich und gaben an, damals nachts Schreie gehört zu haben. Anscheinend hatten sie die Rufe nicht beachtet, weil sie dachten, jemand erlaube sich einen Spaß. Die Entdeckung der Leiche hatte sie eines Besseren belehrt. Es war aber ihre Aussage selbst, die mir wie ein Dolch ins Herz gefahren war: *Es hörte sich so an, als ob ein kleines Mädchen um Hilfe schrie*. Ich dachte immer wieder über die Worte nach und forschte nach dem Grund für den Zorn, der in mir aufwallte. Und dann wusste ich es: Ich war wütend auf Gott. „Hast du denn nicht das kleine Mädchen im Wald schreien gehört, Herr?“

In gewisser Hinsicht war mein Zorn irrational. Alle vier Sekunden verhungert ein Kind. Gott hat reichlich Nahrung zur Verfügung gestellt, aber die menschliche Gier ist tödlich. Gott stand nicht als Drahtzieher hinter dem Wahnsinn von Sarahs Mördern. Irgendetwas aber klappte in mir zu, als ich um das Verständnis rang, warum Gott nicht ganz schnell durch den dunklen, einsamen Wald zu Sarahs Rettung geeilt war.

Noch mehr gemischte Gefühle stellten sich ein, als ich eines Abends in einer kleinen christlichen Versammlung saß. Es gab Gelegenheit, von Gebetserhörungen zu berichten und Gottes Eingreifen zu würdigen.

Eine Dame stand auf, um Gott für die Erhörung ihrer Bitte um schönes Wetter zu danken. Anscheinend sollte ein Schulfest gefeiert werden, und deshalb hatte diese Dame ernsthaft um gutes Wetter gebetet: „Gott, lass es bitte auf dem Fest nicht regnen." Sie berichtete weiter, wie es am Samstag des Schulfestes in der ganzen Gegend geschüttet hatte – außer beim Fest selbst. Anscheinend war ein kleines Gebiet, das Schulgrundstück, völlig trocken geblieben. Man fuhr im strömenden Regen hin und wieder zurück, aber Gott hatte den Festplatz selbst vor dem Nasswerden geschützt. Ich lächelte und nickte ihr aufmunternd zu, verspürte aber den kaum zu unterdrückenden Wunsch aufzustehen, die schlimmsten Flüche zu brüllen und Gott zu fragen, warum er sich so nett um dieses blöde Fest kümmerte, aber zugelassen hatte, dass niemand auf die Schreie eines kleinen Mädchens in den Wäldern reagierte.

Auch das erzählte ich meiner Gemeinde, die jetzt sehr aufmerksam war, und ich merkte, wie eine gewisse Erleichterung durch den Raum zog, das befreiende Gefühl, wenn man entdeckt, dass die eigenen kritischen Fragen zulässig sind. Dann erzählte ich von Jesus, der sich so sehr mit den menschlichen Lebensbedingungen auf der dunklen Seite identifiziert hatte, dass er zu Gott schrie: „Wo bist du hingegangen?", als er am Kreuz hing. Als Jesus weinte: „Mein Gott, mein Gott, warum hast du mich verlassen?", war das keine rhetorische Frage. Jesus stellte am Ende seines Erdenlebens die Frage, die als ewige Frage des Menschen gelten mag: „Gott, bist du noch bei uns?"

Es wurde Zeit, die Predigt zu beenden. Ich hatte meinen Zuhörern Mut gemacht, sich ihren Zweifeln ehrlich zu stellen, sich davon weder ängstigen noch lähmen zu lassen. Ich hatte auf Christus verwiesen, dem in einer Weise das Herz gebrochen worden war, wie es einem Menschen auf dieser Welt nur geschehen kann. Und nun wollte ich zu einem ermutigenden Abschluss ansetzen. Ich half mir mit Redewendungen – eine neue Morgendämmerung, ein neuer Anfang ..., und eben da hörte ich das Geräusch hinter mir auf der unbesetzten Bühne. Ich konnte weder das Geräusch noch seine Herkunft orten, hatte es mir aber auch nicht nur eingebildet. In der Versammlung stieß man einander an, murmelte und zeigte nach vorn. Schnell bat ich darum, ruhig zu sein und einfach hinzuhören.

Wieder kam das Geräusch, immer wieder – wie ein Hahn, der „Kikeriki, kikeriki“ krähte. Der metallische Klang entstieg der Bühne, die abgesehen von den Instrumenten und der Ausrüstung des Musikteams leer war. Ich stieg auf die Bühne und forschte nach der Lärm-Quelle. Während ich suchte, traf mich die Erkenntnis, wie unglaublich das Timing dieser Unterbrechung war. Ich hatte von einem neuen Tag gesprochen, einer neuen Morgendämmerung. Ein Hahn, der auf die Sekunde genau auf sein Stichwort hin krähte. Woher aber kam das Geräusch denn bloß?

Es kam von einem Schlüsselanhänger, einem von diesen Werbeartikeln mit elektronischer Weckfunktion. Er gehörte einer der Sängerinnen, die das gute Stück immer auf der Bühne ließ, wenn sie sich zur Predigt unten hinsetzte. Das Teil hatte sich noch nie hören lassen! Ich hielt das Mikrophon an den Schlüsselanhänger, und der elektronische Hahn tat sein Werk. Der Klang hallte jetzt im ganzen Saal wider: „Kikeriki, kikeriki ...“

Es war mir damals peinlich, und auch heute noch, während ich die Geschichte schreibe, ist es mir peinlich. Ein prophetischer Schlüsselanhänger. Klingt ganz nach den Verrücktheiten, die von meinem Freund Adrian Plass aufs Witzigste unsterblich gemacht wurden. Ich hatte Anstoß daran genommen, dass Gott sich für die Wetterverhältnisse eines lokalen Festes interessierte. Nun also schreibe ich darüber, wie er möglicherweise die Weckfunktion eines Schlüsselanhängers zur genau richtigen Zeit losgehen lässt, um etwas zu verdeutlichen, obwohl ich doch im gleichen Kapitel das Thema allertiefsten Leides berührt habe. Über alledem schwebt ein Hauch von Wahnsinn.

Also stellte ich die Gemeinde ebenso vor die Wahl wie jetzt meine Leser. Ich sagte, wenn sie in dieser kleinen

Unterbrechung nur einen Zufall und weiter nichts sehen wollten, dann sei das ganz in Ordnung – und Sie können es ebenso halten. Ich sagte aber auch, wenn sie daraus schließen wollten, dass vielleicht Gott, der die albernen Dinge dieser Welt nutzt, um die Weisheit der Weisen zunichte zu machen, durch einen Schlüsselanhänger reden kann, dann stehe ihnen auch diese Entscheidung frei. Mir scheint, wenn er durch einen Esel reden könne wie zu Bileam, dann seien Schlüsselanhänger für ihn nicht ganz unmöglich. Es lag und liegt mir nicht daran, anderen Schlussfolgerungen aufzuzwingen. Allerdings habe ich das Recht, meine eigenen Schlüsse zu ziehen, und meiner Meinung nach darf ich glauben, dass Gott sich durch diese kleine, skurrile Begebenheit bemerkbar gemacht hat.

An diesem Morgen ist etwas mit meinem Glauben geschehen. Ich merkte, dass ich Gott weniger verstehen, ihm aber mehr vertrauen konnte. Ich bin sogar eher geneigt, ganz auf sämtliche vorgefertigten Antworten zu verzichten. Eigentlich bin ich darüber erleichtert.

Aber ab und zu überkommt mich die Panik, vor allem in ausgelassenen Anbetungszeiten, wenn alle anderen sich an einer Atmosphäre freuen, in der Gott ihnen ganz nah scheint, ich aber das Gefühl habe, die kahle Decke anzusingen.

Es ist ganz gut, dass Gott die albernen Dinge dieser Welt nutzt und zum Beispiel durch Esel und Schlüsselanhänger oder durch mich redet.

Verfügbarkeit

Vortreten zum Abschlag

Ich war zum Predigen nach Salt Lake City geflogen, hatte fast die ganze Reise lang über den Text nachgedacht und konnte mich nicht so recht für ein Thema entscheiden. Nach 16 Stunden und viel Grübelei war ich immer noch ohne Konzept. Ich kam an, suchte mein Hotel auf und ging schweren Herzens schlafen, wobei ich mir schwor, ganz früh aufzustehen, die Jagd nach dem flüchtigen Stoff wieder aufzunehmen und auf „Predigtsafari" zu gehen. Fünf Stunden später terrorisierte mich der Wecker. Ich konnte mir um keinen Preis vorstellen, wo ich überhaupt war. Es ist hart, das Wort des Herrn wahrzunehmen, wenn man nicht einmal die eigene geografische Position genau bestimmen kann.

Unter Jetlag-Einfluss ließ ich mich auf eine Zeit des Gebets ein, was immer gefährlich ist, weil man nie wissen kann, ob die Gedanken, die in den müden Gehirnzellen umherhüpfen, die leisen Worte des ewigen Gottes sind oder die Nachwirkungen der Ravioli an Bord. Nach ein paar Minuten spürte ich allmählich, dass Gott tatsächlich zu mir redete, aber ich war nicht besonders begeistert von seinen Worten:

„Geh heute morgen einfach in den Gottesdienst und sag den Leuten: ‚Der Herr spricht: Vortreten zum Abschlag.' Der Rest der Predigt wird dann einfach folgen."

Toll! Ich fliege 6000 Meilen, ertrage eine Mahlzeit, die so aussieht wie die Luftaufnahme eines Bauernhofs, und die Leute, für die ich diese unbequeme Expedition auf mich genommen habe, erwarten hoch qualifizierte Lehre. Und wovon soll ich da predigen? Ein einziger Satz: „Vortreten zum Abschlag", ein Ausdruck aus dem Baseball-Jargon. Ich brach schweren Herzens zum Gottesdienst auf und hatte das unbestimmte Gefühl, ich könnte in ein ziemliches Abenteuer geraten.

Ich wurde mit offenen Armen aufgenommen und ins Gebetstreffen geführt. Mehrere Dutzend Mitarbeiter hatten früh am Sonntagmorgen ihr warmes Bett verlassen, um für den Prediger und die anderen Mitwirkenden zu beten. Und wie sie beteten: wenig Spucke und reichlich Inspiration. Einige waren gerade von einer Erweckungsveranstaltung in Florida zurückgekommen und schwebten sprichwörtlich über den Wolken. Sie baten Gott, er möge eine mächtige Begegnung mit dem Heiligen Geist schenken und die Halle erschüttern. Da stand ich nun und nickte schwach. Die ganze Zeit dachte ich an den episch breiten Lehrtext, den ich mitgebracht hatte: „Vortreten zum Abschlag".

Es ist mir peinlich, aber ich muss zugeben, dass ich mich einfach nicht dazu durchringen konnte, das zu sagen, was ich aus heutiger Sicht als Gottes Plan erkenne. Ich verwarf die Sache mit dem „Abschlag" als Produkt eines Gehirns, das sich zu lange in 12000 Metern Höhe befunden hatte. Also wählte ich eine altbewährte Predigt von mir, ein treues Stück, immer einsatzbereit, und wir erlebten tatsächlich einen *sehr* guten Gottesdienst: Mehr als ein Dutzend Besucher machten einen Anfang mit Gott. Hinterher, auf dem Weg zum Restaurant, gratulierte ich mir innerlich dazu, die alberne „Vortreten zum Abschlag"-Idee fallen gelassen zu haben. Immerhin hatte Gott zu meiner Version ja sichtlich seinen Segen gegeben, Menschen hatten sich ihm zugewendet; eine klare Rechtfertigung meiner Entscheidung, oder?

Falsch! Beim Essen fragte ich den Pastor beiläufig, was in letzter Zeit denn so in seiner Kirche los sei.

Seine Antwort ließ mich erstarren: „Na ja, Jeff, wir konzentrieren uns darauf, unseren Mitgliedern klarzumachen, dass jeder Einzelne Begabungen besitzt, die er als Teil des Leibes Christi einsetzen kann. Nächste Woche fängt eine neue Predigtreihe an, mit der allen Mut gemacht werden soll, sich Gott zur Verfügung zu stellen. Man spürt schon, wie begeistert die ganze Gemeinde über diesen neuen Schwerpunkt ist."

Ich wünschte, die nächste Frage hätte ich nie gestellt, aber irgendetwas tief in mir drängte mich dazu. Ich ahnte, dass ich die Antwort schon kannte. „Wie heißt denn das Thema für eure neue Predigtreihe?", fuhr ich fort.

„Ach, wir haben es aus dem Baseball-Wortschatz entlehnt. Die Reihe läuft unter dem Thema ‚Vortreten zum Abschlag'."

Na wunderbar, Jeff! Gott hatte meinen „Alternativgottesdienst" freundlichst gesegnet, aber ich kann mir vorstellen, wie die Wirkung gewesen wäre, wenn ich ohne Kenntnis der nächsten Predigtreihe einfach dem Heiligen Geist Folge geleistet und das Wort Gottes verkündet hätte. Den Gemeindemitgliedern wäre auf großartige Weise klargemacht worden, dass Gott an ihrer Entwicklung und ihren Plänen regen Anteil nahm und sie darin unterstützte.

Ich legte den Kopf in meine Hände und stöhnte. Der Pastor dachte, es gäbe ein Problem mit dem Essen, bis ich ihm alles erklärte – und mich entschuldigte.

„Vortreten zum Abschlag": Was heißt das? Direkt gesagt, fordert Gott sein Volk auf, sich für seine Pläne zur Verfügung zu stellen, Verantwortung zu übernehmen, seine Rolle als Teil der Mannschaft zu spielen. Allgemeiner gilt, dass der Herr Menschen gebraucht, die gebraucht werden wollen. Er hat es lieber mit Freiwilligen zu tun als mit Zwangsverpflichteten.

Jesaja ist ein Beispiel dafür. Erinnern wir uns an seine Berufung? Der arme Kerl steckt in der Krise, weil er sich so schlecht fühlt, und er will seine „Wehe mir"-Rede ins Endlose ziehen. Gott schickt einen Engel mit einer glühenden Kohle in der Hand und befiehlt, Jesaja mit besagter Kohle den Mund zu verbrennen. Diese zündende Strategie zielte wohl darauf ab, die Tirade gegen sich selbst verstummen zu lassen. Und dann verkündet der Herr, dass es eine freie Stelle gäbe, eine Arbeit, die erledigt werden müsse. Vergessen wir nicht, nur Gott, Jesaja und der Engel im Asbestanzug sind anwesend, aber Gott trägt Jesaja etwas auf, das nur als kosmisch beschrieben werden kann.

„Wen soll ich senden? Wer ist bereit, unser Bote zu sein?", fragt Gott.

Jesaja versteht den himmlischen Hinweis und bietet sich selbst für die Aufgabe an. Er tritt „vor zum Abschlag", und das Ergebnis ist eine monumentale Veränderung. Damals im Restaurant wurde mir die Ironie meines Fehlers klar. Meine Angst vor Peinlichkeiten hatte mich gelähmt, und folglich stand ich dem Heiligen Geist nicht mehr als Überbringer seiner Botschaft zur Verfügung. Ich war nicht bereit zum Vortreten gewesen.

Ich frage mich, wie viele hektische Aktivitäten in meinem Dienst wohl noch unter der Rubrik „gut gemeinte Ideen, die Gott nachträglich segnet" laufen, statt dass ich die Träume Gottes zu erfüllen versuche.

Gott ist auf der Suche nach Verfügbarkeit, nicht nach Fähigkeiten. Er ist der Weinstock – wir die Reben. Beten wir also am besten so: „Gott, hilf mir, eine Rebe zu sein."

Gott braucht den nächsten Mann oder die nächste Frau am Abschlag. Wer tritt vor?

Ausreden

Mrs. Robinson war eine strahlend lebendige Frau, die ihre gute Laune nicht mehr zügeln konnte, wenn der Name Jesus bloß erwähnt wurde, so groß war ihre ansteckende Liebe zu ihm. Sie war eine allein erziehende Mutter mit zwei heranwachsenden Töchtern, und bald würde sie sterben – der Krebs fraß sich immer weiter in sie hinein. Es konnte nicht mehr lange dauern.

Ich besuchte sie jede Woche, und immer gelang es ihr, mich aufzumuntern. Sie erzählte mir von ihrer Heimat, der westindischen Insel St. Vincent. Über den Tod hat sie immer nur gelacht. Das war keine gespielte Tapferkeit, keine Verdrängung. Sie wusste, dass sie sterben würde, und sie wusste, dass Jesus ihr vorangegangen war. Ihre Begeisterung, ihn bald zu sehen, war direkt spürbar.

„Nein, Pastor, wissen Sie, ich habe keine Angst vor dem Sterben. Aber ich mache mir Sorgen um meine Töchter, Hazel und Denise. Was wird bloß aus den beiden werden?" Und dann verdunkelten sich ihre Augen, und sie kam aus dem Himmel zurück auf die Erde, und vor Sorge um ihre Kinder wiegte sie sich hin und her und schrie zu Gott. „O Gott, o Gott ..."

Ich machte ihr Mut, so gut ich konnte. „Machen Sie sich jetzt keine Gedanken, Mrs. Robinson. Hat der Herr nicht versprochen, dass er für uns sorgt, wenn wir unsere Sorgen auf ihn werfen?"

Ich schlug die Bibel auf und zeigte ihr den Vers im 1 Petrusbrief 5, 7. Sie kannte ihn auswendig.

Woche für Woche erlebte sie dieses Wechselbad ihrer Gefühle. Jedes Mal las ich ihr eine neue Bibelstelle vor. Eines Tages fand ich eine Bibelstelle, in der es darum ging, wie Gott sich um die Witwe in ihrer Not kümmert. Ich sagte Mrs. Robinson zu, dass der Herr selbst sich darum kümmern werde, dass Hazel und Denise in gute Obhut kämen. Sie ließ sich wieder beruhigen.

Als ich aus ihrem Haus trat, sprach Gott zu mir durch eine unbequeme Frage, wie so oft. „Also, wie genau werde ich mich eigentlich um diese Kinder kümmern?"

Ich merkte im Bruchteil einer Sekunde, dass all meine blumigen Gebete und das Vorlesen von Bibelstellen nur abgedroschene Phrasen waren, wenn ich mich nicht um das Problem kümmerte, das Gott hier zur Sprache brachte. Mir kam in den Sinn, dass Gott damit Kay und mir das Angebot machte, Hazel und Denise nach dem Tod ihrer Mutter in unsere Familie aufzunehmen. Wir hatten selbst ein kleines Kind und ein sehr kleines Haus. Da waren Stress und Unannehmlichkeiten vorprogrammiert. Die Frage, auf welche Weise Gott sich eigentlich um die Kinder kümmern werde, ging mir einfach nicht aus dem Kopf.

Ich entschloss mich, Gott ein „Vlies auszulegen", ihm eine unmögliche Bedingung zu stellen. Für die Leser, die zum Glück keine Ahnung haben, worum es bei dieser Methode der Entscheidungshilfe geht, nur so viel: Man bittet Gott, bestimmte unwahrscheinliche Umstände herbeizuführen, und wenn sie sich tatsächlich ereignen, dann betrachtet man sie als Zeichen dafür, dass Gott etwas zu tun verlangt. Die Strategie ist sehr nützlich, wenn man die Sorge hegt, Gott erwarte beispielsweise einen Einsatz auf dem Gebiet der Auslandsmission in einem bürgerkriegsgeplagten Land. Also bittet man um etwas Unmögliches:

„Gut, Herr, ich gehe wirklich nach Burma, falls am nächsten Mittwoch, wenn ich in der Tiefkühlabteilung vom Supermarkt bin, ein kleinwüchsiger burmesischer Soldat aus dem Fischstäbchenfach springt und schreit: ‚Wohlan, du Lump. Komm nach Burma, aber dalli!' Wenn der Gnom ein gelbes Fagott bei sich trägt und holländische Holzschuhe an den Füßen hat, dann nehme ich das als Zeichen deiner Berufung und breche am gleichen Tag nach Burma auf."

Ich setzte auf eine leicht gemilderte, aber genauso unmöglich zu erfüllende Variante. Ich kündigte Gott an, ich werde nach Hause gehen und ohne Diskussion oder Vorgeplänkel einfach Kay damit überrumpeln, dass wir meiner Meinung nach Hazel und Denise als Pflegekinder aufnehmen sollten. Der Haken daran war, dass Kay ohne das kleinste Nachdenken oder Zögern sagen sollte: „Die Idee finde ich gut." Kay ist ein nachdenklicher, sensibler Mensch. Niemals würde ich ihr Wesen mit dem Wort „impulsiv" beschreiben.

Ich ging ins Haus, küsste Kay auf die Wange und sagte: „Ich glaube, wir sollten Hazel und Denise als Pflegekinder aufnehmen."

Ohne eine Pause entstehen zu lassen, gab Kay ihre Antwort: „Die Idee finde ich gut." Also taten wir es.

Mrs. Robinson starb, ohne sich irgendwelche Sorgen um die Zukunft ihrer Kinder machen zu müssen, und wir wurden zur fünfköpfigen Familie. Es war ganz wunderbar, obwohl sich die Nachbarn bestimmt wunderten, wie wir es geschafft hatten, zwei schwarze und ein weißes Kind in die Welt zu setzen. Vielleicht hatte es mit der Milch zu tun?

Machen Sie sich von der erweiterten Familie Lucas bitte keine besonders idyllischen Vorstellungen. Wir alle haben dazulernen müssen, vor allem ich. Aber Hazel und Denise wurden zu echten Angehörigen unserer vergrößerten Familie.

Ich kann die „Vlies-Methode" als Entscheidungshilfe nicht unbedingt empfehlen, obwohl sie manchmal funktioniert. Andererseits kann ich auch nicht empfehlen, leere Phrasen zu dreschen, im Gebet Probleme auf andere abzuwälzen und Ausreden fürs Nichtstun zu erfinden. Gott ist ganz in der Nähe. Es könnte passieren, dass er sich einfach in unser Leben einmischt.

Einfluss

Eine 1 plus für Einfluss

Wir alle haben ein gewisses Maß an Einfluss, mal mehr, mal weniger. Wir können täglich davon Gebrauch machen. Oft haben wir keine Ahnung, welche Auswirkungen unsere Worte und Taten auf andere haben. Ein Wort hier, eine freundliche Geste da, ein bisschen Zeit, die man sich nimmt, obwohl man sehr beschäftigt ist. Das alles kann ein Leben verändern, und zwar auf Dauer, zum Guten oder zum Schlechten.

Ich nenne ihren Namen nicht – sie hätte es nicht anders gewollt –, aber sie hat mein Leben verändert. Sie war Religionslehrerin in einer riesigen Gesamtschule in Essex, und sie wurde andauernd geärgert. Es gab dort kaum jemanden, der sich für Religion interessierte. Das wusste sie, und sie machte den Eindruck, als hätte Gott sie auf die Mission geschickt, unsere Gleichgültigkeit in Neugier zu verwandeln. Sie hatte es immer eilig. Schon Jahre vor dem Verwaltungsstress und dem Druck, der den Lehrern mit dem Erscheinen des landesweiten Rahmenplans auferlegt wurde, war sie anscheinend jede Sekunde ihres Arbeitstages irgendwohin unterwegs. Außerdem war sie Klassenlehrerin, was ihr zusätzlich eine Menge Stress einbrachte. Man sah, wie sie mit wahnsinnig dicken Aktenordnern – alles Vorgänge, die erledigt werden mussten – von Klasse zu Klasse rannte. Wenn sie ankam, war sie immer atemlos, lächelte aber trotzdem. Ihr Fach unterrichtete sie leidenschaftlich gern und sprach sehr überzeugt und intensiv von Gott, als hinge ihr ganzes Leben von ihm ab. Sie konnte lachen und weinen, ermutigen und überreden. Dabei wedelte sie mit ihren dünnen Armen und zeigte mit den knochigen Fingern mal hier- mal dorthin.

Ich hatte gehört, dass sie die Ehefrau eines Pastors war. Also kam zum Hexenkessel Schule auch noch ein ganzes anderes Leben mit vielen Anforderungen dazu, die allein schon gereicht hätten. Sie überzeugte mich, einen Grundkurs in Religion zu wählen. Damals dachte ich, dass alle religiösen Themen älteren Leuten vorbehalten sein sollten, die ja auch mal vor die Tür mussten. Ich fragte mich, was mir das Fach Religion für mein späteres Berufsleben „bringen" könnte. Ich nahm es trotzdem und schnitt gut ab. Sie sagte mir, ich müsse unbedingt beim Leistungskurs Religion mitmachen. Wieder grübelte ich über den akademischen Nutzen dieser Wahl nach. Aber wenn sie über Gott sprach, dann versprühte sie eine Energie, dann glitzerten ihre Augen so, dass man es nicht übersehen konnte.

Meine Freunde hielten mich für verrückt. Was wollte ich denn nach der Schule werden, etwa so eine Art Pastor? Gemeinsam trieben wir unseren Spott. Eigentlich amüsierte es mich selbst. Und dennoch wählte ich den Leistungskurs.

Vielleicht war es ihre Geduld, die den Ausschlag gab. Selbst so unsensible Schüler wie wir merkten, dass die anderen Lehrerkollegen sie ausnutzten, sie mit Arbeit überhäuften und dann auch noch erwarteten, dass sie alles lächelnd auf sich nahm, weil sie Christin war und zudem noch Pastorenfrau.

In den früheren Schuljahren auf der Gesamtschule trug auch ich dazu bei, ihre Geduld zu strapazieren. Einmal gab ich in der Stunde ein Zeichen, und alle in der Klasse glitten von ihrem Stuhl und legten sich mit dem Rücken auf den

Boden, wobei wir mit Armen und Beinen wie wild zappelten wie von BSE befallene Schafe. Sie merkte, dass ich der Erfinder und Urheber des ganzen Zirkus war und verordnete die Höchststrafe – ich musste zum Schulleiter gehen und ihr „Rohrstock und Buch“ bringen. Der dünne Bambusstock wurde gehasst und gefürchtet: Ein Schlag konnte in Sekundenschnelle böse Striemen hinterlassen. Das schwarze Buch, ein feierliches Testament unserer Untaten, diente dazu, Namen und Vergehen des Störenfrieds einzutragen. Ich ging sehr ängstlich zur Tür, drehte mich um und sagte: „Bitte, Mrs. ... es tut mir wirklich Leid ...“

Ich erwartete nichts als eine kurze Zurechtweisung und die Wiederholung des Befehls, das Folterinstrument zu holen, aber stattdessen zeichnete sich auf ihrem Gesicht ein freundliches Lächeln ab. „In Ordnung, Jeffrey. Ich verzeihe dir. Setz dich jetzt hin und benimm dich.“

Verblüfft ging ich zu meinem Platz und blieb den Rest der Stunde aufmerksam und festverschlossenen Mundes dort sitzen. Nie wieder wollte ich der Dirigent des Störorchesters sein, zu dem unsere Klasse taugte. Ich hatte Gnade pur erfahren.

Sie erzählte immer vor der ganzen Klasse von Gott, nicht gerade feinfühlig. „Jeffrey, du musst erlöst werden, ganz dringend“, erklärte sie und lächelte wieder auf ihre besondere Art. Irgendwie habe ich mich wohl in sie verliebt, aber ich schwebte nicht wie der typische Teenager auf Wolke 7, sondern bewunderte sie, weil sie so offen zeigte, dass ihr etwas an mir lag. Ich wollte ihr gefallen, gute Arbeiten schreiben. Ich wusste, dass ihr solche Erfolge sehr wichtig waren.

Als ich anfing, mich für das Christentum zu interessieren und eine Kirche von innen sehen wollte, telefonierte ich erst einmal mit ihr. Sie versprach mir, dass man mich in der kleinen Pfingstgemeinde willkommen heißen würde, deren Pastor ihr Mann war. Und genauso kam es. Ihr Gatte entsprach meinen wildesten Träumen. Seine Frisur war der reine

Wahnsinn, absolut wirres Haar, und sein ganzes Gesicht war ein einziges breites Lächeln. Beim Predigen zupfte er andauernd am Kragen seines Talars, der ihn am Hals würgte, als könne er sich damit einfach nicht abfinden. Als ich mich ein paar Tage nach dem ersten Besuch in ihrer Kirche entschied, Gott mein Leben anzuvertrauen, wurde ich von beiden mit Liebe und Freundlichkeit überschüttet. Sie waren von meiner Bekehrung entzückt, richtig begeistert. Als ich später dann die Berufung verspürte, Pastor zu werden, war sie die Erste, der ich davon erzählen wollte.

Einige Jahre lang verlor ich dann den Kontakt zu ihr. Die Pastorenarbeit, der Umzug nach Amerika und dann der Wechsel in eine andere Konfession liefen darauf hinaus, dass unsere Pfade sich nicht mehr kreuzten. Und dann kam der Tag, als ich erfuhr, dass sie im Sterben lag. Krebs. Es ging mit ihr zu Ende, und zwar schnell.

Ich besuchte sie sofort. Unser Zusammensein war zuerst von einer leichten Verlegenheit geprägt. Ich hatte die Glaubensgemeinschaft gewechselt, was sie nicht ganz in Ordnung fand. Ich kam mir wieder wie ein kleiner Schuljunge beim Gespräch mit der Lehrerin vor und fürchtete Korrekturen in roter Tinte, gar ein „Mangelhaft" unter meinem Leben. Das schöne Haar hatte sie verloren; ihr Kopf war in einen Turban gewickelt, um die Glatze zu verbergen. Mir war klar, dass ich sie zum letzten Mal hier auf Erden sah. Ich wollte ihr danke sagen, weil sie mein Leben zum Guten verändert hatte. Wieder einmal lächelte sie und sagte mir, dass sie meine Schulhefte jetzt, 20 Jahre nach dem Abschluss, immer noch aufbewahre. Aus irgendeinem Grund seien sie ihr als Erinnerungsstücke wertvoll.

Dann ging ich, und ein paar Wochen später starb sie. Doch ihr Lächeln, ihre Anmut, ihre Geduld und Langmut hatten einen tiefen und bleibenden Abdruck in dem weichen Zement meiner Jugend hinterlassen.

Von mir bekommt sie eine 1+.

Tage in Rot

„Den Tag kreuze ich mir im Kalender an“, denkt man sich manchmal. Tage kommen und gehen, ohne sich merklich voneinander abzuheben, einer gleicht meist dem andern. Sie verschwinden schnell aus unserem Gedächtnis. Es sind Tage in schwarzweiß: ohne Ereignisse, uninteressant, gelegentlich richtig aufreibend. Nichts, was der Erinnerung wert ist.

Doch dann gibt es auch die strahlenden Tage voller Lebendigkeit. Sie stechen hervor, springen uns im Gedächtnis vor den optischen Sucher – wichtige Tage, die sozusagen rot angekreuzt sind. Es sind Tage der Entscheidung. Eine neue Ausrichtung, neue Chancen und Aufgaben sind das Ergebnis. Wir erinnern uns an diese Tage wie an Meilensteine unserer persönlichen Geschichte und fragen uns, welche Wende unser Leben genommen hätte, wenn solche Tage nie gedämmert hätten.

Manchmal ist es nur eine rot angekreuzte Minute, die alles verändert. Pat Cook, eine pensionierte Missionarin und liebe Freundin unserer Familie, erinnert sich an einen Tag im Missionsdienst, als sie und andere Mitarbeiter auf einer oft befahrenen Strecke unterwegs waren. An diesem besonderen Tag hatte sie ohne einleuchtende Begründung den sehr starken Eindruck, sie sollten nicht die normale Route wählen, sondern eine längere Alternativstrecke. Ein paar Minuten später hörten sie in der Ferne eine Explosion. Eine Landmine war mitten auf der anderen Straße explodiert und hatte die Insassen des Autos umgebracht, das die Mine auslöste. Pats Unruhe war scheinbar nur eine Ahnung gewesen, tatsächlich aber hatte der Heilige Geist ihr wohl diesen Anstoß gegeben. Es war so eine rot angekreuzte Minute, die ihr und den Mitarbeitern das Leben gerettet hatte.

Und dann gibt es Tage, an denen uns ein Licht aufgeht, Schultage zum Lernen wichtiger Lebenslektionen. Ein Körnchen des wertvollsten aller Edelsteine, der Weisheit, wird unser Eigentum. Auch solche Episoden gehören zu den „unvergesslichen" Ereignissen. Solche Tage können sonnig sein; wir sind so glücklich, dass wir laut singen könnten. Wir klopfen Freunden auf die Schulter und fragen immer wieder: „Ist das nicht großartig?"

Manchmal beginnen solche Tage unter einem grauen Himmel mit Wolken, die sich zum strömenden Regen zusammenbrauen; doch sie enden in reichen, satten Farben voller Erkenntnisse.

Ob sie glücklich oder traurig gewesen sind, sind sie doch unsere wichtigsten Tage. Sie sind hoch und heilig. Ich finde, wir sollten sie aufzählen können.

Der Tag der Hochzeit, wenn man einen solchen erlebt hat, sollte sich auf dieser besonderen Liste finden. Holen Sie sich wieder einmal das Fotoalbum, lachen Sie über die Mode, über die Frisuren und fragen Sie zum 50-sten Mal: „Wer ist das da eigentlich, direkt hinter Tante Hilde?" Während Sie sich erinnern, denken Sie vielleicht auch an alles, was Sie sich gegenseitig vor versammelter Verwandtschaft versprochen haben. Jahrestage müssten viel mehr bewirken, als das Geschäft der Grußkartenindustrie zu fördern: Liebevolle Erinnerungen an die Vergangenheit können uns für die gegenwärtige Realität Kraft geben und für die Zukunft einen Schutzschild verleihen.

Wenn es einen bestimmten Tag in Ihrem Leben gab, an dem Sie sich bewusst für eine Freundschaft mit Jesus entschieden haben, sollte der auf jeden Fall auch auf dieser Liste stehen. Hier sind noch mehr Vorschläge für solche wichtigen Tage.

Der Spaziergang am Strand mit dem Menschen, der jetzt Ihr Lebenspartner ist. Sie gingen barfuß über den Sand; Sie haben in den Wind geschrieen und Fangen gespielt wie Kinder. Sie haben den tropfnassen, stinkenden Seetang durch die Gegend geschleudert und mit lachenden, leuchtenden

Augen gemeinsam Ausschau nach zukünftigen Hoffnungen und Träumen gehalten ...

Der Augenblick, als Ihnen klar wurde, dass es etwas anderes ist, ob Sie für Ihren Lebensunterhalt sorgen können oder ein lebenswertes Leben führen. Und diese Erkenntnis war Antrieb genug, mit einem dicken schwarzen Strich ein paar Termine loszuwerden. Statt sich vom Geld beherrschen zu lassen oder sich auf die trügerische Sicherheit einzulassen, die ein geschäftiges Dasein verspricht, haben Sie die Überstunden verweigert. Vielleicht haben Sie sogar den Fernseher eine Weile abgeschaltet, um sich einfach mal am Lachen Ihrer Kinder zu freuen.

Wir alle haben unterschiedliche Kriterien zur Unterscheidung von normalen Tagen und Tagen in Rot, aber ich glaube, wir sollten uns diese besonderen Tage gut merken, über sie nachdenken, sie feiern und sie uns immer wieder ins Gedächtnis rufen, für uns selbst, aber auch für unsere Kinder.

Der Passah-Abend war in der bewegten Geschichte der Hebräer so ein rot angekreuzter Tag. Es war der lang erwartete Moment, als der mächtige Gott in ihr Gefängnis, die ägyptische Unterdrückung, einbrach und sein Racheengel über jedes Haus kam, dessen Türpfosten nicht mit Blut bestrichen waren. Die Hebräer zogen aus Ägypten aus und marschierten in eine hellere Zukunft. Die Wellen des Meers blieben gehorsam stehen und ließen sie entkommen, doch auf die mächtige Armee der Verfolger prasselten sie nieder und verschlangen sie. Passah und Exodus sind seitdem als unvergessliche Erinnerungen im Herzen des Volkes Israel verwurzelt. Die überlieferten Feierlichkeiten, mit denen die Juden in aller Welt noch heute diese „roten Tage“ feiern, sollten dafür sorgen, dass Israel nie vergisst, wie anders und besonders Gottes erwähltes Volk ist. Doch selbst diese intensiv erlebten Tage reichten dazu nicht aus. Immer weiter kam das Volk Israel von der Spur ab, und die eigene, einzigartige

Identität ging verloren. Heute dient wenigstens die schmerzhafte Beschneidung noch als Bundeszeichen dazu, jedem männlichen Hebräer seine Identität und Geschichte täglich vor Augen zu halten. Und trotzdem vergaß Israel.

Wir alle haben es uns angewöhnt, das Erinnernswerte zu vergessen und uns an das zu erinnern, was wir vergessen sollten. Darf ich eine denkwürdige Episode meiner eigenen Geschichte erzählen? Wenn ich auf die ungestümen Tage meiner ersten, stolpernden Schritte als Christ zurückschaue, dann fallen mir drei besonders rot angekreuzte Tage auf – obwohl das erste Datum, genau gesagt, gleich ein Zeitraum von zwei Wochen war …

Man forderte mich als frisch gebackenen Christen auf, mich für ein Jugendlager anzumelden, das auf den Klippen der Isle of Wight stattfinden sollte. Zu meinen Erinnerungen an die beiden Wochen gehören das morgendliche Aufwachen im herrlichen Duft des sonnendurchwärmten Zelts, lange Nachmittage mit Fußball und Schwimmen und dann die atemraubende Begeisterung der Abendveranstaltungen in einem riesigen Zelt. Jeder Abend brachte eine Begegnung mit Gott. Die Redner waren super, sie spielten mit uns Fußball und machten uns Mut, wenn wir öffentlich beteten, von unserer ersten Begegnung mit Gott erzählten oder uns an hastig komponierten Liedern versuchten, die mit drei Griffen begleitet wurden. Und sie erzählten witzige Geschichten so genial, dass mancher erfahrene, regelrechte Komiker von heute sich schämen müsste. Klar und unzweifelhaft war ihre Botschaft und Einladung, die Nähe zu Jesus zu suchen und ihm nachzufolgen.

Ich liebte das Camp, ich liebte die Sonne, und ich liebte Gott mit einer berauschenden Mischung aus Leidenschaft und Verfolgungswahn. Ich wollte unbedingt ein hundertprozentig echter Christ sein. Deshalb entfachte mein gerade flügge gewordener Glaube Freude und Kummer in mir, etwa zu gleichen Teilen. Ich war so wild darauf, alles richtig zu machen, dass es fast in Besessenheit ausartete, den „vollkommenen“ Willen Gottes zu ergründen. Unseren Glauben maßen wir oft am ungewissen Barometer der Emotionen: Wir *fühlten*, dass wir etwas Bestimmtes tun und anderes wieder lassen sollten. Wir *fühlten*, dass Gott zu uns redete und *fühlten* uns inspiriert, von unserem Erleben mit Gott zu erzählen, zu beten oder was nicht alles. Leider hat man als Heranwachsender nicht die Mittel, seine Gefühle auf einer Skala wie in einem Messbecher eindeutig abzulesen. Ich wusste, dass Gott mich liebte, hoffte, dass auch ich ihn liebte, und manchmal hatte ich das Gefühl, dass beides nicht wahr sein könne. Es war eine verwirrende Zeit – aber Gott ist mir in diesem Nebel begegnet.

Am Ende jeder Abendveranstaltung gab es den unvermeidlichen „Altarruf“: die Einladung, nach vorn zu kommen und sein Leben Gott anzuvertrauen oder eine bestimmte Sünde zu bekennen oder einen neuen Anfang zu machen. Ich muss der Traum jeden Predigers gewesen sein, weil ich das Bedürfnis hatte, auf alles zu reagieren: ein allabendlicher Cocktail aus Ekstase und schlechtem Gewissen. Wäre ein Aufruf ergangen, sich als französisch sprechender Korbweber für Unterwasser-Basketball zur Verfügung zu stellen, dann hätte man mich als Ersten nach vorn eilen sehen. Mein Lieblingsplatz war direkt links von der Behelfskanzel. Auf meinen Knien blieb Abend für Abend ein grüner Fleck vom Grasboden zurück. In den Augenblicken am Ende der Gottesdienste, wenn die Musik leise spielte und unsere Helden mit uns beteten, wurden Entscheidungen fürs ganze Leben getroffen. Wir weinten Tränen der Buße und legten Gelübde ab, die sich im Lauf der Zeit als dauerhaft erwiesen. Es waren lauter Tage in Rot, an die ich mich gern erinnere.

Ein anderer Tag in Rot ereignete sich kurz, nachdem ich Christ geworden war. Ich verabredete mich mit einem Mädchen. Sie hieß Kay und ist heute meine Frau. Sie überzeugte mich, es sei eine gute Idee, sich für eine Wochenendfreizeit anzumelden. Starke Nervosität machte sich in mir breit, als wir unsere Schlafsäcke ins Christliche Konferenzzentrum schleppten. Die Erwartungshaltung war groß. Obwohl ich erst seit ein paar Tagen bei „Gottes Truppe" war, hatte ich schon den Eindruck, Gott wolle mich zu irgendeinem geistlichen Dienst berufen, was für einen Neuling wie mich ein ziemlich verrückter Einfall war. Der Gastredner war ein ganz ungewöhnlicher Typ. Johnny Barr ist ein christlicher Zigeuner. Er und seine Frau haben mehr als genug persönliches Leid ertragen: Sie mussten erleben, wie vor vielen Jahren ihr Sohn bei einem Autounfall umkam. Manche von Gottes erlesensten und erfahrensten Dienern sind von harten Gewaltmärschen in den Gewitterstürmen des Lebens gezeichnet.

John war an diesem Wochenende unser Gastredner. Keinen von uns kannte er persönlich. Man stelle sich unsere Überraschung und Bestürzung vor, als er bei seiner Eröffnungsansprache eine absolut ungewöhnliche Ankündigung machte:

„Gott hat zu mir geredet, als ich hierhin unterwegs war. Er sagte mir, dass er drei von euch in irgendeine Art Leitungsdienst beruft. Tatsache ist, dass der Herr mir eure Vor- und Nachnamen genannt hat. Es wird euch nicht überraschen, sondern eher bestätigen. Ich habe vor, im Lauf dieses gemeinsamen Wochenendes noch mehr zum Thema mit euch zu besprechen."

Ich schaute mich im Raum um und fragte mich, wer diese drei besonderen Menschen wohl sein könnten. Trotz der inneren Eindrücke, die sich in mir regten, kam es mir einfach nicht in den Sinn, dass John auch mein Name genannt worden sein könnte. Unsere Psyche nach dem Sündenfall lässt uns fast automatisch damit rechnen, dass wir außen vor bleiben, wenn Gottes Berufung und Segen angekündigt werden – wenn es dagegen um Gottes Gericht geht, zählen wir uns zu den Betroffenen. Hätte John Barr gesagt, Gott habe ihm die persönlichen Daten von drei großen Sündern mitgeteilt, die sich schlimmer Untaten schuldig gemacht hätten, dann wäre ich sofort davon ausgegangen, dass er von mir redete. Aber eine Einladung zu etwas Bedeutendem, zu einer schicksalhaften Berufung? Er musste jemand anders meinen. Also, wen?

24 Stunden später versammelten wir uns zum Abendgottesdienst, als mir plötzlich Gottes Macht ganz spürbar bewusst wurde. Sie fühlte sich an wie eine Hand, die mich niederdrückte, eine sanfte Last, ein liebevoller Druck. Ich spürte das Bedürfnis, in Zungen zu reden – etwas, das ich nie zuvor getan hatte. Doch der Druck wollte nicht weichen. John leitete den Gottesdienst und stand auf, um noch etwas anzukündigen, als sei es selbstverständlich.

„Hier ist jemand im Raum, der gerade mit dem Heiligen Geist erfüllt wird und merkt, dass er in Zungen reden sollte. Tu es einfach ... vertrau Gott und fang an zu reden."

In mir kämpften zwei Gefühle miteinander. Einerseits dachte ich, dass ich diesen Typ überhaupt nicht leiden konnte. Er wusste anscheinend alles. Gott hatte ihm die vollständigen Namen von Leuten gegeben, an denen er arbeitete, und jetzt beschrieb er mit ganz unaufgeregter Stimme genau, was in mir vorging. Was denn sonst noch! Welche sonstigen persönlichen und intimen Einzelheiten sollten diesem seltsamen Mann denn noch offenbart werden? Andererseits aber war meine Angst mit Glauben durchmischt. Die Situation war phantastisch: Gott war phantastisch und John auch. Immer noch kämpfte ich mit mir und hatte Angst, dass ich mich wie ein Idiot benehmen würde. Ich sprach nicht in Zungen – jemand anders fing damit an. Der Druck ließ nach, und der Gottesdienst ging zu Ende.

Dann wurde der Schlusssegen gesprochen. Ich spürte, dass ich mich bei John entschuldigen müsse, weil ich auf die freundliche Aufforderung nicht eingegangen war. Ich ging auf ihn zu, sagte ihm, ohne mich vorzustellen, dass ich neu im christlichen Glauben sei und der Angst nachgegeben hatte, die mich an diesem Abend lähmte. Er blickte mich freundlich und aufmunternd an und ermahnte mich, beim nächsten Mal, wenn so etwas geschehen sollte, schnell Gott zu gehorchen. Ich wandte mich ab und wollte schon gehen, als er mir auf die Schulter tippte.

„Du heißt doch Jeff Lucas, nicht?"

Mir stockte der Atem, und ich wusste im gleichen Augenblick gar nicht mehr so richtig, wie ich heiße. „Äh ... ja, stimmt", bestätigte ich nach einer Weile.

Johns Augen waren jetzt ganz wach, und er stieß atemlos die Worte hervor, die mein Leben total veränderten: „Gott hat dich in seinen Dienst berufen, nicht? Er hat mir zur Bestätigung für dich deinen Namen genannt, Vor- und Nachnamen. Ist das wahr?"

Natürlich stimmte das. Ich nickte, konnte erst nicht sprechen und sagte dann: „Ja, das ist wahr."

John grinste: „Na, dann mach was draus, Junge."

Damit drehte er sich um und ging. Ich lief in mein Zimmer und weinte mich in den Schlaf. Gott kannte meinen Namen ja tatsächlich. Er hatte mich wirklich berufen.

Ein paar Monate danach stieß ich wieder auf John Barr, diesmal auf einer großen christlichen Konferenz. Ich war begeistert.

„Mr. Barr ... erinnern Sie sich noch an mich? Ich habe Sie gesucht."

John blieb stehen und lächelte über das ganze Gesicht. „Nein, mein Sohn, ich habe nach dir gesucht."

Genau dort legte er mir die Hände auf und fing an zu prophezeien, dass ich in den Dienst als Prediger treten werde; aus mir solle „ein Hammer werden, der die harten Herzen der Menschen zerschmettert". Das war wieder so ein Tag in Rot.

Im Jugendlager hatte ich mit mir gerungen und geweint und mit mir gekämpft, ob ich Gott meine Bereitschaft bekunden sollte, seinen Plan für mein Leben anzunehmen. Als ich John Barr traf, war das Gespür für Gott schlagartig in mir erweckt worden, eine Antwort auf mein Angebot, Gott zur Verfügung zu stehen.

Ich erlaube mir, einen dritten Tag zu beschreiben, diesmal einen Regentag.

Es war die lang erwartete Abschlussfeier nach mehreren ereignisarmen Studienjahren auf der Bibelschule. Ich war kein guter Student, vor allem wegen meiner Impulsivität und jugendlichen Ungeduld sowie einer unglücklichen Arroganz („Ich brauche keine Theologie, ich hab' schließlich Jesus"), die mir heute sehr Leid tut. In Griechisch bekam ich null Punkte hauptsächlich deswegen, weil ich Tischtennis spielte, während alle anderen mit grammatischen Übungssätzen kämpften. Ehrlich gesagt schrieb ich nur meinen Namen – auf Englisch – oben auf den Klausurbogen und zog mich dann sofort wieder in den Tischtennisraum zurück. Für meine schlampige Einstellung zum Lernen hatte ich eine fromme Ausrede: Ich wollte doch einfach nur in die wirkliche Welt hinaus und eine Gemeinde gründen.

Der Abschlusstag war das Signal, uns auf die nichts ahnende Welt loszulassen. Achtung, alter Planet Erde, jetzt kommen wir! Kay kam extra zu meiner Graduierung angereist. Wir hatten einen Gastredner eingeladen, der aus Simbabwe (damals Rhodesien) kam. Peter Griffiths war der Leiter einer Missionsstation, die in der Gegend von Vumba eine Schule und eine Klinik aufgebaut hatte. Er befand sich gerade auf dem Weg vom Flughafen zur Bibelschule, als das Telefon im holzgetäfelten Arbeitszimmer des Schulleiters klingelte.

Es war ein Anruf aus Rhodesien, und die Nachricht war niederschmetternd. Die Missionarskollegen, die Griffiths in Rhodesien zurückgelassen hatte, waren von Terroristen aus Mozambique angegriffen worden. Alle waren tot bis auf eine Frau, die es geschafft hatte, sich in den Büschen zu verstecken. Nach einigen Tagen sollte auch sie im Krankenhaus sterben. Die Frauen waren vergewaltigt worden, und sogar die Babys hatte man ermordet, mit rostigen Bajonetten aufgespießt. Jetzt kam Griffiths mit seiner Ansprache, und er hatte keine Ahnung, dass seine lieben Freunde und Mitarbeiter tot waren oder im Sterben lagen.

Die furchtbare Nachricht ging wie ein Lauffeuer durch den Campus. Die gute Stimmung und Vorfreude auf den Tag machte einer geschockten Betäubung Platz. Ein Student wurde abgestellt, um am Eingang der Bibelschule nach dem Auto von Peter Griffiths Ausschau zu halten. Sobald er eintraf, sollte er gleich ins Zimmer des Schulleiters geführt werden, in dem man ihm die entsetzliche Nachricht mitteilen wollte.

Ich werde nie die Einzelheiten der Szene erfahren, die sich damals im Arbeitszimmer abgespielt hat. Ich weiß nicht, ob Griffiths zu schockiert war, um reagieren zu können, ob er weinte, wütend mit der Faust auf den Schreibtisch hämmerte oder sich nur eine stumme Trauer erlaubte. Und doch weiß ich, dass er sich an seinen Auftrag hielt, die Aussendungspredigt zu halten.

Unsere Wangen waren tränenfeucht, als er still auf das Rednerpodium stieg. Ich sehe ihn heute noch vor mir, wie er in unsere Augen blickte. Seine eigenen waren blutunterlaufen und zeigten seine Trauer, aber auch Hoffnung. Sein Predigttext lautete: „Denn Leben, das ist für mich Christus; darum ist Sterben für mich nur Gewinn“ (Philipperbrief 1, 21).

Er weinte, als er uns von seinen lieben Freunden und Kollegen erzählte, deren sterbliche Hüllen wahrscheinlich gerade jetzt im fernen Rhodesien in die Leichenhalle gebracht wurden. Noch einmal leuchteten seine Augen auf, als er sich ihr Opfer in Erinnerung rief, wie sie angesichts der Gefahren gelacht hatten. Und dann blieb er lange still, schaute uns wieder in die Augen und fragte uns, ob wir Jesus um jeden Preis die Treue halten würden.

Drei Jahre zuvor hatten wir unsere Ausbildung begonnen, waren gespannt gewesen, forsch und unreif. Wir glaubten, schon so viel zu wissen – warum war die Bibelschule überhaupt so nötig? Als wir uns jetzt zum Gebet hinknieten, waren wir ernüchtert, aber trotzdem entschlossen.

Griffiths selbst ist inzwischen gestorben und mit seinen Missionarsfreunden vereint. Aber er hatte eine Predigt gehalten, die ich nie vergessen werde. Es war ein Tag in Rot.

Vor ein paar Jahren hielt ich eine mehrtägige Vortragsreihe auf der Isle of Wight. Ich hatte sonst wenige Verpflichtungen und mehrere Stunden Freizeit, also lieh ich mir ein Fahrrad und fuhr quer über die Insel zur Whitecliff Bay. Ich fand die Wiese, auf der damals unser Lager aufgebaut war; ich stellte das Fahrrad ab und suchte die Umgebung nach dem kleinen Rasenstück ab, auf dem ich vor vielen Jahren gekniet hatte. Jetzt standen hier keine Zelte mehr, keine Behelfskanzel. Niemand spielte auf der verstimmten Gitarre. Es war nur ein großes, einsames, sehr grünes Feld.

Ich kniete auf einem Fleck nieder, der sich genauso anfühlte wie damals. Und ich erinnerte mich. Ich erinnerte mich an jeden Anblick, an jedes Geräusch, an die Gerüche dieser Segenstage vor zwei Jahrzehnten. Ich weinte, traurig und glücklich zugleich, als ich die Freuden und Qualen der vergangenen Kämpfe durchlebte. Und ich redete mit Gott.

Ich sagte ihm, dass sich in den 20 Jahren viel verändert hatte: Dass ich nicht mehr der Mensch sei, der dort vor Jahren gekniet hatte; dass mein naiver Glaube für immer verschwunden war; dass ich Christen erlebt hatte, wie sie besser und schlimmer nicht sein können; ich hatte üble Nachrede, Unmoral und Heuchelei erlebt. Mein naiver, unberührter Glaube war unwiderruflich fort. Aber ich sagte Gott, dass ich immer noch sein Freund sein und ihn als Freund haben wolle.

Als ich mich dann erhob, spielte kein Orchester. Es erschien kein Engel und berührte mich. Doch als ich aufstand und mit dem rostigen alten Fahrrad losfuhr, wusste ich, dass Gott zugehört hatte und etwas sehr, sehr Wichtiges geschehen war. Ich hatte einen Tag in Rot erlebt, einen Feiertag mit zwei Gästen, Gott und mir.

Erinnern Sie sich, feiern Sie Ihre Tage in Rot. Es geht um weit mehr als weinerliche Sentimentalität – die Erinnerung verleiht der Gegenwart Kraft und der Zukunft Hoffnung.

ERLEBNISSE UND GESCHICHTEN EINES FROMMEN CHAOTEN

Ken Davis:

BEIM ROSA FLAMINGO LINKS AB

und andere inspirierende Geschichten.

Wer Bestseller wie „Neuer Saft für müde Birnen" oder „Barfuß im Dschungel" gelesen hat, kennt bereits das größte Talent von Ken Davis: Wie kaum ein anderer versteht er es, Geschichten zu erzählen, die prallvoll Weisheit stecken, brüllend komisch sind und dabei gleichzeitig zutiefst anrühren können.

Wer außer ihm würde es beispielsweise schaffen, die nagelneue Toilette mit einem Feuerwerkskörper in die Luft zu jagen oder versehentlich in geblümter Unterwäsche in einer Hotellobby zu erscheinen ... und darin noch eine geistliche Message zu entdecken. Davis Botschaft ist ebenso befreiend wie berührend: Wir sind alle nicht vollkommen, doch wir werden vollkommen von Gott geliebt!

Dieses Buch ist bis oben hin gefüllt mit kuriosen und gleichzeitig tiefsinnigen Geschichten von Ken Davis. Zum Lesen, Genießen, Nachmachen, Weitererzählen ... und Spaß haben!

Taschenbuch, 320 Seiten, Nr. 815 797

DAS SPITZENBUCH MIT GEISTLICHEM TIEFGANG!

Rick Warren:

LEBEN MIT VISION

Wozu um alles in der
Welt lebe ich?

Selbsthilfebücher geben oft den Rat, dass Sie in sich hineinschauen sollten, um den Sinn und das Ziel Ihres Lebens zu entdecken. Rick Warren aber vertritt die Meinung, dass dies der falsche Ausgangspunkt ist. Sie sollten bei Gott, Ihrem Schöpfer, ansetzen und nach den Gründen fragen, aus denen er Sie erschaffen hat. Sie wurden von Gott und zu Gott hin erschaffen, und erst wenn Sie das verstehen, wird Ihr Leben Sinn machen.

Dieses biblisch fundierte Buch wird Ihnen helfen, Gottes besondere Pläne für Ihr Leben zu entdecken. Rick Warren begleitet Sie auf einer 40-tägigen geistlichen Reise, um der Antwort auf die wichtigste Frage des Lebens: „Wozu lebe ich eigentlich?“ auf die Spur zu kommen. Gottes Berufung für sich zu kennen wird Stress reduzieren, Ihre Energien bündeln, Ihre Entscheidungen vereinfachen und Ihrem Leben tiefen Sinn geben.

Gebunden, 330 Seiten, Nr. 657 480